SEA PSÍQUICO

Cómo hacer lecturas psíquicas
a través del tacto

Mientras desarrolla sus facultades superiores aprendiendo técnicas tales como la psicometría, descubrirá que cada vez sabe más acerca de quienes lo rodean. Descubrirá que su poder para influenciar a las personas positiva o negativamente, aumentará y requerirá mayor discernimiento en su aplicación.

Aprenderá a ver y no revelar lo que ve. Tocará a otras personas con energías curativas sin tener que trabajar conscientemente para curarlas. Algunos quedarán tan estimulados por su luz y energía, que podrán ver y entender lo que antes no habían visto o comprendido sin que usted les hiciera revelaciones directamente.

Mientras desarrolla sus capacidades innatas, iluminará, sanará y ayudará a liberar a quienes toca. Los estimulará a una nueva continuidad de conciencia. Con su creciente habilidad de reconocer el karma y cooperar con las leyes del universo, tocará a los demás de una forma que les dará mayor significado a sus vidas y a la suya.

Acerca del autor

Ted Andrews es autor, estudiante y maestro de tiempo completo en los campos metafísico y espiritual. Conduce seminarios, simposios, talleres y conferencias por todo el país sobre muchas facetas del misticismo antiguo. Ted trabaja con análisis de vidas pasadas, interpretación áurica, numerología, el tarot y la cábala como métodos para desarrollar y aumentar el potencial interior. Es clarividente y está certificado como médium espiritual, hipnosis básica y acupresión. También se dedica al estudio y uso de hierbas como camino alternativo. Además de escribir varios libros, participa en diversas revistas metafísicas.

Correspondencia con el autor

Para contactar o escribir al autor, o si desea más información sobre este libro, envíe su correspondencia a Llewellyn Español. La casa editora y el autor agradecen su interés y comentarios en la lectura de este libro. Llewellyn Español no garantiza que todas las cartas enviadas serán contestadas, pero sí le aseguramos que serán remitidas al autor. Por favor escribir a:

Ted Andrews
⁒ Llewellyn Español
P.O. Box 64383, Dept. 0-7387-0512-8
St. Paul, MN 55164-0383, U.S.A.

Incluya un sobre estampillado con su dirección y $US1.00 para cubrir costos de correo. Fuera de los Estados Unidos incluya el cupón de correo internacional.

Muchos autores de Llewellyn tienen sitios en Internet con información y recursos adicionales. Para más información, visite nuestro website en:

http://www.llewellynespanol.com

SEA PSÍQUICO

Realice lecturas psíquicas por medio del tacto

TED ANDREWS

Traducción al Español por:
Héctor Ramírez y Edgar Rojas

2004
Llewellyn Español
St. Paul, MN 55164-0383, U.S.A.

PRIMERA EDICIÓN
Primera Impresión, 2004
Edición y coordinación general: Edgar Rojas
Diseño del interior: Alexander Negrete
Arte del interior: Departamento de Arte de Llewellyn
Diseño de la portada: Gavin Dayton Duffy
Imágenes de la portada: © Digital Vision, © Brand X
Traducción al Español: Héctor Ramírez y Edgar Rojas
Editor colaborador: Maria Teresa Rojas

Library of Congress Cataloging-in-Publication Data (Pending).
Biblioteca del Congreso. Información de esta publicación (pendiente).

ISBN: 0-7387-0512-8

Llewellyn Español
Una división de Llewellyn Worldwide, Ltd.
P.O. Box 64383, Dep. 0-7387-0512-8
St. Paul, MN 55164-0383, U.S.A.
www.llewellynespanol.com

Impreso en los Estados Unidos de América

Tabla de contenido

Agradecimientos

A menudo somos afectados por personas y sucesos de manera sutil pero muy catalítica. Cada evento o persona que toca nuestra vida tiene el potencial de causar un impacto en ella y aumentar la maravilla de nuestras experiencias.

Quiero agradecer a todo el personal de Llewellyn por el apoyo que me dieron en la escritura del libro, especialmente a Carl y Sandra Weschcke, junto con Nancy Mostad, quienes me han hecho sentir parte integral de la familia Llewellyn.

También agradezco al maravilloso médium británico Bill Landis, cuyas demostraciones de "flor clairsentience" continúan inspirando mi imaginación y mis esfuerzos hacia un mayor desarrollo de mis capacidades.

Siempre estaré agradecido con el doctor Peter Moscow, cuya influencia despertó en mí nuevos niveles de amistad, respeto y profesionalismo en la comunidad metafísica.

Deseo además expresar mi gratitud a todos los que he llegado en este campo y cuyo apoyo ha influido en mí de una manera que tal vez no habría reconocido individualmente. Con todos estoy muy agradecido, y los llevo en mis pensamientos y oraciones cada día.

Capítulo I

Ver a través del tacto

Imagine que ha ido a visitar a un viejo amigo, alguien que no ha visto en años. Es invitado a entrar a su casa, y a esperarlo en la sala mientras su amigo se dirige a otra habitación a cambiarse de ropa o a preparar bocados para la visita.

Usted se sienta en la silla más cercana. De inmediato sabe que es la preferida de su amigo. Está un poco más usada que el resto de los muebles, pero no es la apariencia lo que le dice que es la silla favorita. Hay algo más —algo indefinible—.

Luego se relaja y nota que las cosas han cambiado desde la última vez que vio a su amigo. Sólo ha observado por unos momentos, pero ha notado mucho.

Se da cuenta de que hay nerviosismo por su visita. Puede sentir la tensión de su amigo en su propio cuerpo, como si estuviera siendo transmitida a usted desde la silla. Se pregunta si hay problemas económicos, pero disipa esa impresión cuando ve la decoración de la casa. Ésta no es la vivienda de alguien que tiene dificultades financieras.

Ahora empieza a sentirse triste y solo. Por alguna razón, piensa en la madre de su amigo. Se pregunta cómo estará ella, si su salud es buena. Ha pasado mucho tiempo sin verla, y espera que también todo esté bien en su vida. Entre más piensa en ella, más se torna nervioso.

Luego, comienza a sentirse incómodo en esa silla. Siente una fuerte necesidad de moverse. De repente tiene toda esta energía nerviosa y no sabe cómo descargarla. Se para, perdiendo el contacto con la silla, y empieza a sentirse mejor. Ahora respira con calma. Aunque ya no está sintiendo la tensión, todavía la recuerda, y camina por la habitación y se distrae observando títulos en el armario para libros o examinando una pintura. Ocupa su mente y desvía la atención de lo que había estado sintiendo en la silla.

Mientras se relaja, se ríe de sí mismo. Debe estar más nervioso de lo que cree por ver a su viejo amigo. Racionaliza sus sentimientos y considera que se originan de los nervios. Las impresiones acerca del estado actual de su amigo quizás son sólo producto de leerle la voz y el lenguaje corporal. Después de todo, han sido amigos muy cercanos. Mientras crecían, iban a todas partes juntos. ¿A menudo sus padres no bromeaban respecto a que los dos compartían el mismo cerebro? Usted se ríe entre dientes recordando esto, y la última tensión se disipa, mientras su amigo regresa y le da la bienvenida por segunda vez.

A lo largo de la visita, se ponen al día en la vida de cada uno. Se da cuenta de que su amigo, al igual que usted, estaba nervioso por su llegada. Las cosas han sido agitadas en el trabajo; muchas horas extras y poca diversión. La madre de su amigo ha estado enferma, y los gastos médicos han aumentado hasta el punto que se está haciendo difícil cubrirlos.

Aunque se confirma gran parte de lo que sintió mientras estaba sentado en la silla de su amigo, la intensidad de esa experiencia se perdió o disminuyó. Ahora es una vaga sensación de "sabía que algo andaba mal", pero ya ni siquiera sabe cuándo surgió ese sentimiento —mucho menos cómo—.

A menudo tenemos experiencias como ésta, pero también hemos aprendido a negarlas. Nos cerramos a ellas o las ignoramos. Hemos sido socializados para no aceptar nuestros más sutiles discernimientos y respuestas. Después de todo, el plano psíquico es sólo ficción o sólo un producto de la imaginación. En el mejor de los casos, es una de esas circunstancias inusuales e inexplicables que sacamos y desempolvamos periódicamente para animar conversaciones o reuniones sociales aburridas.

Todos hemos tenido experiencias similares, pero lo racionalizamos, dejamos a un lado o incluso suprimimos por completo. Nos negamos a reconocerlo, porque nos han enseñado que sólo es real lo que experimentamos a través de los cinco sentidos. Lo atribuimos a algo en la voz de la persona, el lenguaje corporal o cualquier indicación externa que podamos relacionar con uno de los cinco sentidos.

Incluso hoy día, con toda la evidencia disponible, muchos creen que el plano psíquico es sólo algo de "personas excéntricas", pero todos hemos tenido impresiones tales como las descritas en el escenario que vimos.

¿Qué pasaría si una silla pudiera hablar? ¿Qué historias contarían sus muebles si tan solo hablaran? ¿Qué sucedería si tocáramos el lapicero de una persona y decir exactamente cómo fue su día? ¿Qué nueva información para la historia podríamos obtener de objetos de antigüedad si pudieran comunicarse? ¿Qué pasaría si pudiéramos tocar a alguien y sentir dónde está la enfermedad o el origen del dolor? ¿Qué tal que pudiéramos tomar una foto o el juguete favorito de un niño perdido en las manos y ver lo que ha sucedido?

El ser humano tiene una sensibilidad que va mucho más allá de lo que a menudo es definido para nosotros y lo que con frecuencia imaginamos. En este libro, examinaremos la realidad reflejada en las anteriores preguntas. Con un poco de conciencia y práctica, aprenderá a desarrollar sus sentidos naturales para leer a través del tacto lo que se ha plasmado en objetos, personas y lugares. Descubrirá que usted es psíquico por naturaleza y sensible a todo lo que toca y a aquello que lo toca a usted.

Clairsentience y psicometría

Clairsentience se define como la disciplina de extender o proyectar los sentidos más allá del cuerpo físico. En esencia, existen dos variedades de Clairsentience: la Extensión Sensorial y la Proyección Sensorial. Todos somos psíquicos. Si ha tenido una experiencia psíquica, puede tenerla una y otra vez más. Si ha tenido conocimiento o información sobre una persona o eventos que no conoce, es psíquico.

Las impresiones psíquicas se dan en una variedad de formas. Puede ser sólo un presentimiento, una vaga sensación de algo inminente, o incluso un destello repentino de conocimiento. Puede aparecer como una señal auditiva, como si alguien estuviera hablándonos externamente o incluso en nuestra propia cabeza. Podría surgir en una visión o sueño. Podemos captar una fragancia completamente inesperada que nos recuerda algo importante. La impresión también puede ser un pensamiento pasajero.

Incluso algunos experimentan sabores que dan discernimiento para solucionar asuntos o eventos a punto de revelarse. Para mí es usual experimentar sabores cuando estoy haciendo trabajos curativos con pacientes. Me ayuda a definir áreas problema. Por ejemplo, si empiezo a sentir cafeína mientras trato a alguien, lo cual indica demasiada cafeína en su organismo. Podría recomendarle que reduzca el consumo de café, chocolate o bebidas dulces, ya que éstas son las tres fuentes más grandes de cafeína en nuestra sociedad. Esto también puede indicar la necesidad de una mayor ingesta de agua, que ayuda a diluir y descomponer la cafeína en el cuerpo para que pueda ser eliminada con facilidad.

La mayoría de personas cree que sólo tenemos cinco sentidos. Prefiero definir al ser humano como una entidad compuesta de siete: vista, oído, tacto, gusto, olfato, sentido común y sentido intuitivo.

El verdadero sexto sentido, el sentido común, es la intensificación e integración de lo experimentado con los cinco sentidos tradicionales. Entenderlos y usarlos con su máxima capacidad es parte de esto. Cuando integramos y comprendemos lo que nos están diciendo, podemos abrirnos a una conciencia más allá de lo que ellos pueden transmitirnos. El sentido común nos ayuda a ver los patrones de nuestra vida como es definida por los sentidos físicos. Luego el sentido intuitivo nos ayuda a reconocer a dónde conducirán probablemente esos patrones.

Podemos aprender a usar los sentidos físicos para obtener información que nos ayudará a ver los efectos de la misma en cualquier nivel. Por ejemplo, un buen psíquico puede ver conexiones. Si podemos saber lo que ha llevado a un individuo a donde está ahora, es muy fácil determinar a dónde lo llevará eso. Esto es cierto debido a que la mayoría de personas nunca cambian sus patrones, incluso reconociéndolos. Cuando aprendemos a intensificar e integrar lo que experimentamos a través de los cinco sentidos con la aplicación del sentido común, entonces empieza a activarse el sentido intuitivo.

La clave para utilizar el sentido intuitivo es la mente subconsciente. Todas las impresiones psíquicas, como pasa con la mayoría de energías del cuerpo, son mediadas por la mente subconsciente. Ésta es consciente de todo lo que encontramos y expresamos en los niveles más sutiles. Debido a que rara vez trabajamos con la mente subconsciente, o creemos que podemos controlarla, a menudo ignoramos lo que percibe.

Sin embargo, no tenemos que seguir en la oscuridad. Hay diversas formas de acceder a la mente subconsciente. Para que esas impresiones sean reconocidas, deben ser trasladadas a la mente consciente. La meditación y la hipnosis son dos de las maneras más evidentes para hacer esto. Nos enseñan cómo trasladar la mente consciente a niveles más profundos y subconscientes.

Sin reparar en los medios de acceso a las percepciones de la mente subconsciente, con mayor frecuencia serán transmitidas a través de los cinco sentidos físicos. Esto se debe a que la mayoría de impresiones psíquicas suelen ser extensiones de los cinco sentidos.

Estos niveles intuitivos de experiencia y percepción de la mente subconsciente se correlacionan fuertemente con los cinco sentidos físicos:

- La vista física se extiende hasta convertirse en *clarividencia.*
- El oído físico se extiende hasta convertirse en *clairaudience.*
- El tacto físico se extiende hasta convertirse en *clairsentience.*
- El olfato físico se extiende hasta convertirse en *clairaroma.*
- El gusto físico se extiende hasta convertirse en *clairgustus.*[1]

Cada uno de los niveles intuitivos de nuestros cinco sentidos tiene sus propios fenómenos psíquicos y espirituales. La clarividencia incluye visión espiritual, sueños, imaginación, visión áurica y similares. Es un término usado a menudo para clasificar genéricamente todos los fenómenos psíquicos.

---

1. **Clairgustus:** es el término usado por el espiritismo tradicional para describir los fenómenos de mensajes psíquicos o espirituales que llegan a través de fragancias y olores. El gustus viene del latín y significa gusto, así que para nuestros propósitos usaré el término clairaroma en el caso de facultades psíquicas asociadas con el olfato, y clairgustus para facultades psíquicas asociadas con el gusto.

La clairaudience incluye fenómenos tales como oír voces de espíritus, música, telepatía y comprensión de leyes espirituales. La clairsentience incluye la psicometría y la curación.

El clairgustus y el clairaroma incluyen los fenómenos de idealismo, discriminación, discernimiento espiritual y una imaginación más aguda.

Por supuesto, estos niveles intuitivos se traslapan, porque nuestros sentidos rara vez operan bajo condiciones aisladas. Como aún lo hacen los espiritistas tradicionales, es factible usar el término clairgustus para el olfato y el gusto, ya que son muy dependientes entre sí. A menudo no podemos probar una comida a menos que la olamos. Por ejemplo, tápese la nariz y cierre los ojos mientras prueba una cebolla y una papa. No notará diferencia, tal vez sólo en la textura.

Los fenómenos asociados con los sentidos son mucho más expansivos que lo descrito atrás. Quien desea desarrollar facultades psíquicas e intuitivas, debe empezar con el sentido físico que tenga más agudo. ¿Usted responde más intensamente a fragancias, sonidos, imágenes, contactos o sabores? Mientras desarrolla su mayor facultad, los otros sentidos espirituales también se revelarán.

Es usual encontrar personas que ven cosas que desearían oír. Quienes oyen, a menudo desean poder ver. Los que sienten quieren ver u oír. En realidad esto no importa. Mientras desarrolla una facultad, todas empezarán a revelarse para usted. Aunque en un comienzo podría sólo sentir cosas o tener vagas impresiones, al agudizar esa sensibilidad encontrará que también empieza a ver, oír, oler y degustar.

Quizás hemos escuchado historias de personas que perdieron uno de sus sentidos, y como resultado se desarrolló uno o más de los sentidos restantes para compensar el faltante. Me gradué de la secundaria con un estudiante que era ciego. Era asombroso lo que podía hacer con el tacto. Casi podía ver literalmente a través de sus manos. Si una persona se levantaba frente a él sin decirle nada, usualmente decía quién era con sólo tocar y sentir su brazo.

Hace varios años asistí al reencuentro de mi escuela No había visto a mi amigo al menos en 15 años. No le dije una sola palabra, pero puse mi mano sobre su hombro como saludo. Cogió mi antebrazo y percibió la sensación. Momentos después dijo mi nombre. Su sentido del tacto accedió a su antiguo banco de memoria y obtuvo la información.

Situaciones como éstas deberían recordarnos que todo lo que hemos experimentado está en algún lugar de la memoria. También nos enseñan que la sutileza de nuestros sentidos y sus capacidades son de mucho más alcance que lo que creemos. Todo lo que experimentamos en cualquier nivel —físico, emocional, mental y espiritual—, es mediado por la mente subconsciente. Si aprendemos a acceder a ella, pronto descubriremos que hay mucho más a nuestro alrededor en todos los niveles que lo conocido normalmente.

Una de las facultades intuitivas más fáciles de desarrollar es la clairsentience. Al observar el cuerpo humano desde una perspectiva sensorial, no es difícil entender esto. La piel es nuestro órgano sensorio más grande. Es la cubierta externa del cuerpo. Protege y a la vez sirve como sistema sensorial.

También es un símbolo de nuestra continua capacidad de desarrollar facultades superiores a lo largo de la vida, ya que las células de la piel están regenerándose continuamente.

Nuestro cuerpo está a todo momento emanando y absorbiendo campos energéticos con los cuales interactúa. En metafísica, esto es llamado el aura humana. El cuerpo humano es un mecanismo maravilloso. También despide sonido, luz, electricidad, magnetismo, electromagnetismo y otras energías. Además, tiene la capacidad de responder a todas estas energías.

La mente subconsciente controla toda esta interacción. Si usted ha tenido inexplicables sensaciones de intranquilidad en lugares a los que ha entrado, o conocido personas con quienes siente una relación instantánea, ha experimentado cómo ocurren estos intercambios energéticos. La forma en que esto se aplica específicamente a la psicometría, será explicada con más detalle en el siguiente capítulo.

La psicometría es una de las expresiones específicas de la clairsentience. Psicometría se traduce como medición del alma. Es la capacidad de sentir impresiones de objetos, personas y lugares, acerca de eventos previos al encuentro.

Tocando el objeto, la persona, o estando en un lugar, recibimos mensajes o información, pero esto no es logrado sólo con el sentido del tacto. Sin embargo, este sentido se convierte en un puente entre la percepción sensorial ordinaria y la más intuitiva.

Existen dos tipos de impresiones dejadas en objetos y lugares. La primera es la impresión personal, en la cual las experiencias de un individuo son impresas en un objeto. Puede

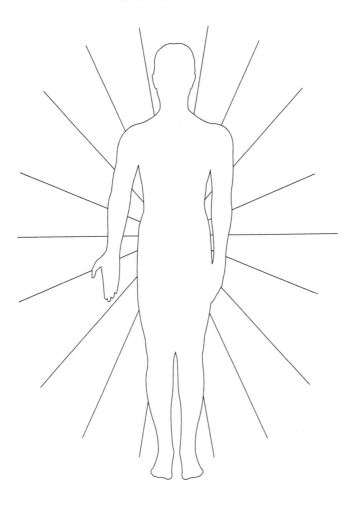

Figura 1:
El aura humana

ser una sola o varias experiencias. El segundo tipo es la impresión acumulada o colectiva, en el cual recibimos impresiones de todos lo que han tocado el objeto, o quienes han vivido en un determinado lugar o pasado por él. Esta clase de impresión es lo que a menudo hace difícil la lectura. Las imágenes pueden ser tan numerosas y variadas que aparecen revueltas y confusas.

Con frecuencia hay un colorido emocional en lo que es sentido o experimentado. La mayoría de impresiones psíquicas y/o intuitivas son más fuertes cuando hay un impulso emocional asociado con ellas. El objeto personal o lugar ha sido cargado con las emociones de la persona o los acontecimientos del lugar. Las emociones magnetizan el objeto o lugar con los eventos que los rodean. En el siguiente capítulo veremos cómo ocurre esto.

La intensidad de la emoción que rodea el objeto o lugar, determina hasta cierto grado con que fuerza se puede percibir la información sintonizándose con ella. En los lugares donde se registra actividad paranormal tradicional, por lo general han ocurrido eventos intensos y emocionales. La intranquilidad que sienten las personas en esta situación, son las emociones negativas plasmadas por acontecimientos en la vida de gente que vivió ahí.

Con frecuencia me solicitan que participe en investigaciones criminales, en casos tales como niños perdidos. En estos casos, prefiero saber lo menos posible sobre la situación para no colorear mis propias impresiones. También requiero una foto de la persona, una prenda de vestir o un juguete favorito que no haya sido limpiado o lavado desde que ocurrió el incidente. Estos objetos todavía tienen la energía impresa del individuo, lo cual facilita conectarse con las emociones, positivas o negativas, en cuanto a los eventos en su vida en ese tiempo. Tocando el objeto, puedo estar cerca de la persona sin haberla tocado.

La mayor dificultad para mí en situaciones como ésta, es desconectarme de lo que he percibido porque las emociones y circunstancias son muy intensas. Parte de lo que este libro le enseñará es cómo controlar su sentido psíquico del tacto. Aprenderá a activarlo y desactivarlo a voluntad. Más de estos procesos y otros usos serán examinados más adelante en el texto.

Sintonizarse con el objeto o lugar y la energía asociada, es similar a rebobinar y poner a sonar de nuevo un cassette. A menudo, la reproducción puede ser muy precisa y fiel a los eventos impresos en el objeto. La información que surge puede brindar gran ayuda. Sin embargo, los mensajes también podrían ser coloreados por la personalidad del receptor y contener sólo información parcial. Con la psicometría, el subconsciente traduce la impresión del objeto y crea una copia de la misma para la mente consciente.

Desarrollar la clairsentience, y en especial la psicometría, tiene muchos beneficios:

- Nos enseña a ponerle atención a lo que sentimos y a aceptarlo.

- Empezamos a ser más conscientes de las cosas pequeñas de la vida.

- Nos ayuda a reconocer y controlar con más eficacia nuestras respuestas a la vida y las personas.

- En sí no trae realización, pero puede ayudar a lograrla revelando nuevas profundidades de su ser. Nos pone en contacto con nuestro ser en nuevos niveles.

- Nos ayuda a desarrollar el arte de la concentración.

- Nos ayuda a concentrar y recordar detalles que de otra manera son ignorados. La mayoría de personas pasa por alto gran parte de la vida por no observar bien lo que ven y experimentan. Note qué tan a menudo los testigos de un accidente tendrán versiones diferentes de lo que ocurrió.

- Nos ayuda a cerrar la mente consciente o a aislarnos de ella para abrirnos a posibilidades más creativas.

Ejercicios

I: Cuestionario: ¿tiene habilidades de clairsentience?

La clairsentience es la capacidad de captar impresiones de personas, objetos y lugares. Si responde "sí" a una o más de las siguientes preguntas, entonces es clairsentience. Entre más respuestas positivas haya, más fuerte será la facultad que posee. Sin reparar en qué tan fuerte o débil sea, incluso la capacidad más sutil puede ser desarrollada y agudizada para la psicometría.

1. ¿Ha sentido la mirada de alguien sobre usted sin ver la persona o cuando, en realidad, se encuentra solo?

2. ¿Ha sentido la presencia de alguien antes de verlo?

3. ¿Ha tenido una experiencia de déja vù, o "he estado aquí antes"? (También remítase al ejercicio III de este capítulo).

4. ¿Ciertas habitaciones o personas lo hacen sentir más cómodo o inquieto?

5. ¿Ha percibido el estado de ánimo de un cónyuge, amigo o amante sin tener comunicación verbal?

6. ¿Se contagia con facilidad del estado de ánimo de otras personas?

7. ¿Puede saber si le gusta o no alguien cuando lo ve por primera vez?

8. ¿Ha entrado a una habitación y sentido que algo (tal como una discusión o riña) sucedió antes de que usted llegara?

9. ¿Ha experimentado lo que es llamado "una conexión con los animales"?

10. Al conocer a alguien, ¿puede sentir qué clase de infancia tuvo la persona?

11. ¿Es sensible al tacto?

12. ¿Le disgusta que otras personas lo toquen o se le acerquen demasiado?

13. ¿Encuentra que su primera impresión más acertada sobre las personas no viene de la apariencia sino del apretón de manos?

14. ¿Su sueño es perturbado por la posición de la cama? ¿Su cabeza debe apuntar hacia el Norte magnético para poder dormir bien?

15. ¿Puede saber si algo suyo está "fuera de lugar" antes de verlo o descubrirlo?

II: Divertirse con comunicaciones externas

Una de las formas más fáciles de probar y desarrollar la clairsentience, es a través de las comunicaciones que llegan a nosotros. También es divertido y no causa daño. Puede ser una manera inofensiva de probarnos a nosotros mismos.

La próxima vez que reciba la carta de un amigo, antes de abrirla, tome unas respiraciones profundas y relájese. Frote las manos rápida y con fuerza para que aumenten la sensibilidad. (Puede incluso desarrollar uno o más de los ejercicios descritos en el capítulo 4). Cierre los ojos y tome la carta entre sus manos o póngala sobre la frente. Luego hágase unas preguntas básicas:

¿Cuál es el tono general del remitente de la carta? ¿Son buenas o malas noticias? ¿Qué emociones experimenta mientras está en contacto con la carta? ¿Algo más surge en su mente?

Con el tiempo encontrará que cada vez es más preciso al percibir el tono y contenido de tales comunicaciones. Empezará a sorprenderse.

Haga lo mismo la próxima vez que suene el teléfono. Tome unas respiraciones profundas y relájese. Luego ponga la mano sobre el teléfono y déjelo sonar una o dos veces más. Mentalmente hágase algunas preguntas sobre la persona que está llamando:

¿Es hombre o mujer? ¿Es alguien conocido o desconocido? ¿Para qué será la llamada?

Encontrará que si confía en su primera impresión, empezará a desarrollar un alto grado de precisión. Si adquiere confianza en el ejercicio, podrá incluso contestar el teléfono usando el nombre de la persona que llama —"¡hola, Carlos!"—.

Lo peor que puede suceder es que esté equivocado. Y si eso lo hace sentir mal o avergonzado, siempre podrá excusarse diciendo algo como, "lo siento, pensé que era Carlos; supuestamente me llamaría ahora".

III: He estado aquí antes

Es común la sensación de déja vù o "he estado aquí antes". Muchas personas la experimentan con variada intensidad. A veces, las sensaciones e impresiones son tan fuertes que se comparan con ser trasladado a otro lugar y tiempo, con todo y entorno. Otras veces, sólo es una sensación vaga e indefinida de familiaridad.

Las sensaciones de "he estado aquí antes", a menudo son producidas por sintonizarse accidentalmente en un nuevo lugar y luego descubrir que coinciden con experiencias en nuestra memoria. Relacionamos lo que percibimos del entorno con algo conocido por nosotros en nuestra presente vida. Ese recuerdo puede ser la imagen de algo que vimos en el colegio, en un sueño o en una variedad de fuentes. Puede ser difícil discernir si es una auténtica experiencia de déja vù o algo que estamos relacionando de nuestra vida actual.

Incluso si no podemos discernir, la parte más importante es darnos cuenta que está operando nuestra clairsentience natural. Lo que percibimos del entorno es el detonante de las sensaciones de déja vù. Si se relaciona con una vida pasada o con algo experimentado más recientemente, no es lo que deberíamos indagar inicialmente. Debemos enfocarnos en el hecho de que nuestro cuerpo y sentidos han captado impresiones del entorno.

El solo reconocer esto puede ser una maravillosa herramienta para nosotros. Cuando empezamos a ser conscientes de que está ocurriendo, podemos experimentarlo en muchos lugares que visitamos. Cuando concentramos la atención en lo que sentimos, en lugar de tratar de entender y discernir todo, nos volvemos más sensibles a las sensaciones que percibimos del entorno.

No intente enfocarse en detalles. Inicialmente, sólo podrá tener impresiones generales. Sólo tendrá la idea de una emoción, asunto o evento particular sin hechos definibles. Practicando los ejercicios de este libro, su capacidad psíquica será mayor.

Relájese y experimente lo que está sintiendo. No lo fuerce.

No se preocupe si surgen imágenes del presente. A menudo son imágenes que el subconsciente usa para ayudarle a comprender lo que está experimentando. Puede ser una forma de ayudarlo a establecer algunos parámetros para relacionar.

Hágase algunas preguntas simples y confíe en su primera impresión. Ponga atención a lo que siente mientras las hace: ¿quienes vivieron aquí estuvieron felices o tristes? ¿Me siento bien o inquieto? ¿Siento frío o calor?

Valore su respuesta emocional al lugar a través de cada uno de los sentidos. Respire profundamente por la nariz. ¿Cómo se siente cuando huele el lugar? ¿El sonido de su voz o las voces de otros incitan una respuesta? Párese en diferentes sitios y observe el área. ¿Algunas vistas le parecen más agradables? ¿Cambian sus emociones? Además, mientras se encuentra en diferentes sitios, cierre los ojos y pregúntese cómo se siente: ¿feliz?, ¿triste?, ¿tiene calor?, ¿frío?

Registre lo que sienta o experimente —incluso si no tiene sentido—. A menudo, al hacer esto surge una mayor clarificación. Ayuda a sacar la información del tenue plano etéreo y la cristaliza en nuestra mente. En ocasiones podría incluso registrar por qué cree que se sintió de determinada forma. Deje fluir la imaginación, incluso si parece una posibilidad exagerada y que usted la está "inventando". Puede descubrir que en sus imaginaciones hay más que lo que creía posible. Aunque esto no haga nada más, desarrolla flexibilidad en la mente y envía el mensaje al subconsciente de que está preparado para percepciones más grandes.

En algún momento podría incluso estudiar la localización o edificación para descubrir la veracidad de sus impresiones. Es útil preguntar a vecinos del sector. También es bueno ir a la biblioteca o examinar registros de la ciudad. No se desanime si no encuentra nada, pues no significa que estaba equivocado; es posible que no hayan registros de lo que necesita.

Capítulo **2**

Cómo funciona la psicometría

Psicometría significa literalmente "medición del alma".
Es la capacidad de leer parte o toda la historia de un
objeto o de las personas que lo han tocado. Aunque con
mayor frecuencia se trata del pasado, a menudo puede reflejar también estados presentes.

A veces hay desacuerdo entre quienes practican la psicometría, en cuanto a si puede ser usada para leer o reflejar el
futuro. Esto depende de la perspectiva del individuo. El
objeto no tendrá impresiones del futuro, ya que no han ocurrido aún. Por otro lado, alguien que puede ver el patrón del
pasado en la vida de la persona a través del objeto, por lo
general hace predicciones muy viables con base en esos datos.
Esto se debe a que la mayoría de personas nunca cambian sus
patrones de comportamiento.

Hay tres clases de psicometría, las cuales serán examinadas
hasta cierto punto en este libro. A menudo se traslapan,
debido a que no siempre hay límites claramente definidos.
Son las siguientes:

21

- Psicometría de objetos
- Psicometría del lugar
- Psicometría de personas

La psicometría de objetos es quizás la más común y conocida. Cada objeto tiene su propia energía que a menudo es transmitida por su dueño de una forma única. Cómo ocurre esto, es parte de lo que veremos en este capítulo.

En esta clase de psicometría, aprendemos a establecer una conexión con el objeto y las energías impresas en él. Con mayor frecuencia, el contacto de los objetos para leer sus impresiones se da en una de tres formas:

- Tomado con las manos
- Puesto sobre la frente y/o cara
- Puesto sobre el plexo solar

Estas son partes del cuerpo donde nuestros chakras están más activos para la impresión sensorial a través de la psicometría. Los chakras son puntos en el cuerpo donde hay un mayor grado de actividad energética y se controla toda la energía que entra y sale del cuerpo. Los siete chakras principales son puntos de mayor actividad electromagnética en y alrededor del cuerpo. Dos de éstos son los que están localizados en la frente y el plexo solar. Las manos también son puntos de mucha actividad energética.

Al tomar el objeto en las manos o poniéndolo sobre la frente o cara, se reciben impresiones del dueño del mismo o los eventos que rodean su historia. "Esto se basa en la teoría de

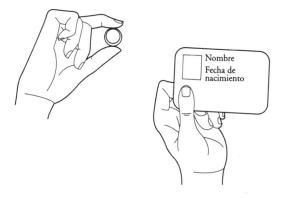

Figura 2:
Ejemplos de tacto psíquico

que los sucesos emocionales crean una delgada película que cubre todas las cosas, incluyendo las personas, cercanas al evento. Esta capa de los objetos o las personas es permanente. Un psicometrista que entre en contacto con tales objetos o individuos, podrá leer esa capa y así reconstruirá el suceso emocional".[2]

Hay un creciente interés en el campo metafísico para utilizar la psicometría en trabajos detectivescos. Los objetos con conexiones con el dueño, o los dueños, y los eventos importantes asociados con ellos. También son eslabones de sucesos y situaciones relacionados con lugares importantes y significativos para el dueño(s).

---

2. **Holzer, Hans:** *The Truth About ESP.* Manor Books, Inc.; New York, 1975, pág. 46.

Esto tiene aplicación en muchas áreas. Dos de las más comunes son la arqueología y las investigaciones penales. En la psicometría aplicada a la arqueología, la persona lee o se sintoniza con un objeto o sitio histórico y percibe la historia de sucesos e individuos que lo rodearon. Esto puede generar más información y conocimiento de períodos históricos.

En investigaciones penales, tiene aplicación en diversas formas que incluyen la localización de artículos perdidos o robados, homicidios y personas desaparecidas. Mi experiencia personal se ha centrado principalmente en niños desaparecidos o abusados. Se requiere un vínculo con el individuo. Ropa, fotos, joyas, cabellos, etc., son usados para establecer una conexión con la persona o los eventos críticos en la vida de ella. Los métodos para hacer esto serán explicados detalladamente en el capítulo 5.

La dificultad en esta aplicación de la psicometría yace en el apropiado discernimiento. La información psíquica es sólo eso —psíquica—. No siempre es verificable. Las acusaciones y declaraciones deben ser manejadas con mucho cuidado, ya que es fácil destruir la vida de personas inocentes con acusaciones infundadas o inadecuadas.

La psicometría del lugar se relaciona estrechamente con las sensaciones de deja vu o "he estado aquí antes". Aprendiendo a relajarse, la persona puede sintonizarse con la energía del entorno y lo que ha sido impreso en él.

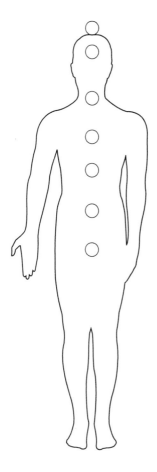

Figura 3:
El sistema de chakras humano

Los siete chakras son puntos de mayor emanación electromagnética desde y alrededor del cuerpo. Las palmas de las manos también son puntos de mayor actividad energética. Las manos, la frente y el plexo solar son áreas de mayor "sensibilidad al tacto".

Esto se relaciona con formas de radiestesia y adivinación, tales como sintonizarse en una muestra de mineral para determinar la viabilidad de la explotación minera. Esta técnica también puede ser útil para localizar fuentes de agua, menas y minerales.

Los sucesos, en especial aquellos que son intensos y emocionales, dejan huellas. Se imprimen en el lugar donde ocurren. Estas impresiones pueden ser leídas. La mayoría de personas han tenido experiencias donde se sintieron mal en alguna casa o habitación. Todos hemos entrado a una habitación después de que alguien ha tenido una acalorada discusión, y hemos percibido que algo sucedió, incluso si no conocíamos los detalles. Si ha notado cómo sentía su alcoba en comparación con la de sus hijos o padres, ha experimentado cómo diferentes personas cargan un entorno con energías únicas.

La psicometría de personas tiene que ver con la energía individual de la persona. Así como cada uno de nosotros tiene huellas dactilares únicas, nuestro campo energético también es único. La psicometría de personas es usada por todos. ¿Qué tan a menudo podemos detectar el humor de alguien sin hablarle? Cuando conocemos a alguien, ¿somos inmediatamente atraídos o repelidos? Tal vez no sabemos por qué ocurren estas impresiones, pero con frecuencia se presentan.

La capacidad de sintonizarse y estimar dónde se encuentra una persona, es parte de lo que puede ser desarrollado con esta clase de psicometría. Puede emplearse en trabajos curativos desde varias perspectivas, convertirse en una forma de clarividencia de rayos X, o ser usada para desarrollar técnicas de curación empática, de las cuales algunas serán discutidas en el capítulo 6. Puede emplearse para localizar partes débiles y fuertes en el cuerpo y el campo energético que lo rodea. (Sin embargo, tenga en cuenta que sólo un médico titulado tiene el derecho legal de diagnosticar enfermedades).

La impresión de objetos y lugares puede ser intencional o accidental. Un ejemplo de impresión intencional es visto en la creación de talismanes y amuletos cargados con una energía particular para influir en un resultado particular. Los templos, iglesias y sitios de meditación son lugares donde se hacen esfuerzos para crear un ambiente de reverencia y paz. Con solo entrar en tales espacios, nos sentimos más relajados. Nos facilitan alcanzar estados alterados y cosas similares.

Las impresiones accidentales son mucho más comunes. Cuando poseemos un objeto por largos períodos de tiempo, es magnetizado o cargado con nuestra energía. Esto sucede automáticamente. Muchas reliquias sagradas de la iglesia fueron cargadas accidentalmente por los santos, no con una intención específica. Quedaron con la energía de la persona sólo por haber sido parte de la vida de ella. De la misma forma se cargan más fuertemente nuestras joyas preferidas.

Las habitaciones en las que pasamos la mayor parte del tiempo tienen las más fuertes impresiones. Alguien caminando en nuestra casa por primera vez, debería determinar fácilmente en qué habitación o habitaciones pasamos poco tiempo.

Los lugares y objetos donde ocurren sucesos intensamente emocionales, son cargados más fuertemente con la energía. Muchas casas de fantasmas realmente no tienen actividad fantasmal, sino que tienen las impresiones de sucesos de los anteriores residentes. Los "espíritus", las impresiones, de los anteriores habitantes siguen en la vivienda. Por eso algunas casas tienen una maravillosa sensación de calidez y otras no.

Por esta razón también se requiere de un tiempo para sentirnos cómodos cuando nos mudamos a una nueva casa. Nuestros muebles y nuestra presencia deben anular las anteriores impresiones. Cuando nuestro espíritu empieza a llenar el lugar, comienza realmente a sentirse como un hogar acogedor. Cargamos el espacio y los objetos dentro de él con nuestras propias energías.

Dos teorías sobre la psicometría

Aunque hay diversas teorías en cuanto a cómo funciona la psicometría, dos parecen ser las más acertadas, especialmente para nuestro enfoque más moderno y científico:

- La teoría del aura
- La teoría del holograma

La teoría del aura se basa en el concepto de que toda la materia tiene un campo energético que la rodea. Cualquier cosa que posea estructura atómica tiene un aura. Cada átomo de cada sustancia está compuesto de electrones y protones que se encuentran en constante movimiento. Estos electrones y protones son vibraciones de energía eléctrica y magnética. Los átomos que conforman la materia animada son más activos y vibrantes que los de la materia inanimada.

El cuerpo humano es un mecanismo maravilloso. Emana y responde a una gran variedad de energías —incluyendo luz, sonido, electricidad, magnetismo, energía electromagnética y termal—. El aura que lo rodea es vibrante y fuerte, y en el individuo promedio, usualmente se extiende ocho a diez pies alrededor del cuerpo en todas las direcciones.

Hay dos características del aura que se relacionan directamente con la psicometría. (Para obtener información sobre todas las cualidades y características del aura, puede consultar mi anterior trabajo, *How to See and Read the Aura*, publicado por Llewellyn en el idioma inglés). La primera es que nuestra aura individual interactúa con las auras de otras personas y los campos energéticos del reino animal, vegetal y mineral.

Debido a la fuerte composición electromagnética del aura, constantemente estamos emanando energía eléctrica y absorbiendo energía magnética. Cualquier cosa con estructura atómica puede ser cargada. Nuestra aura puede dejar una impresión en todo lo que interactúa con ella. Esto puede ser otra persona, una parte del entorno o incluso un objeto.

Este aspecto electromagnético es lo que magnetiza objetos y lugares. Dejamos huellas energéticas de una frecuencia única dondequiera que estemos. Si usted suele sentarse en una silla en particular, la está magnetizando con su energía. Piense en la primera vez que tomó asiento en una nueva clase. En sesiones posteriores usualmente regresaba al mismo sitio. Cada vez se hace más cómodo. Usted acumula su energía alrededor de ese lugar.

Si por alguna razón regresa y encuentra a otra persona en ese puesto, se sentirá incómodo en cualquier otro sitio que se haga. Esto se debe a que dejó una impresión en ese puesto —en esa área—. Por esta razón su habitación se siente diferente a las otras habitaciones de la casa. Cargamos el espacio con nuestra propia energía.

Nuestra aura carga el entorno con un patrón energético en resonancia con nuestra propia frecuencia. El período que toma en acostumbrarse a su cama, ropa y nuevas casas, es el tiempo que requiere el aura para magnetizar y armonizar el entorno u objeto con nuestra frecuencia energética.

La cobija o el juguete favorito de un niño queda cargado o magnetizado con la energía única del infante. El juguete o la cobija, debido a su estructura atómica, tiene la capacidad de absorber la energía emanada por el niño. Coger el juguete o la cobija es una forma en la que él se recarga y equilibra; tales objetos sirven como un depósito de energía que el niño puede utilizar.

Algunos objetos absorben energía más fácilmente que otros. También puede ser más fácil sintonizarse con ellos y pueden disipar sus impresiones con mayor rapidez. El algodón y los tejidos naturales son cargados con energía más fácilmente que los sintéticos. Chales de oración y mantos de meditación son ejemplos de esto. En trabajos detectivescos, las prendas de vestir son poderosas herramientas para sintonizarse con el dueño, siempre y cuando no hayan

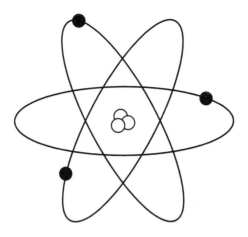

Figura 4:
Vibraciones energéticas de los átomos

sido lavadas. El agua es un excelente conductor de electricidad y puede remover de la ropa la carga energética que se ha acumulado en ella. Por eso a los niños no les gusta tener lavada su cobija o juguete favorito.

Los metales también son excelentes conductores de electricidad. Los objetos metálicos son cargados con energía más fácilmente, por eso suelen ser usados con frecuencia en la construcción de talismanes y amuletos. Debido a su capacidad conductora, las energías impresas en ellos también son detectadas más fácilmente por el psicometrista. Sin embargo, los objetos metálicos también pueden disipar su carga energética con mayor rapidez.

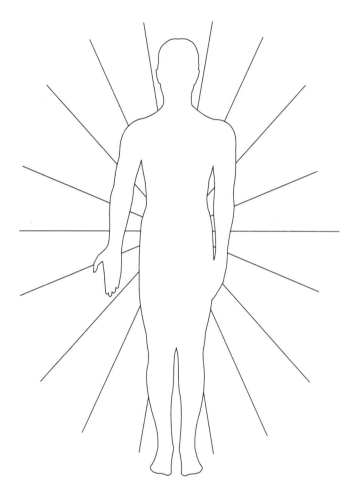

Figura 5:
Aura humana

Hay una variedad de campos energéticos y emanaciones que rodean el cuerpo humano y salen de él. Componen una parte importante del campo áurico. Uno de los más fuertes aspectos del aura humana es su cualidad electromagnética.

Los objetos de madera son más difíciles de magnetizar, pero también retienen la impresión mucho más tiempo. El psicometrista puede requerir más sensibilidad para sintonizarse con las energías que yacen en estos objetos.

La base de la psicometría es el resultado directo de la interacción del aura del individuo sobre objetos, lugares y personas. Entre más tiempo la persona haya tenido contacto con un objeto o lugar, más fuerte quedará cargado éste con un patrón energético similar al de la persona. Un individuo sensitivo puede entonces coger el objeto o entrar en un entorno, y quedar cargado con percepciones de la persona a quien pertenece el objeto o de sucesos importantes que lo rodean.

La teoría del holograma tiene que ver con nuevos paradigmas y estudios de funciones del cerebro y cómo se relacionan con experiencias trascendentes. También tiene vínculos con la física cuántica.

El neurocirujano Karl Pribram hizo investigaciones novedosas en la Universidad de Stanford concernientes a los paradigmas de las funciones cerebrales. Estas investigaciones lo llevaron a concluir que el cerebro funciona en muchas formas como un holograma. "Un holograma es un sistema especial de almacenamiento óptico que puede ser explicado mejor con un ejemplo: si tomamos una foto holográfica de un caballo, recortamos una sección de ella, por ejemplo su cabeza, y luego ampliamos esa sección al tamaño original, no tendremos una gran cabeza, sino la imagen del animal completo. En otras palabras, cada parte individual de la foto contiene la foto entera en forma condensada. La parte está en el todo y el todo está en cada parte —un tipo de unidad en

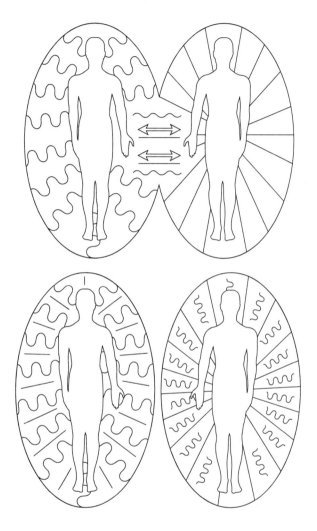

Figura 6:
Intercambio energético a través del aura

Debido a sus aspectos electromagnéticos, el aura humana puede cargarse, magnetizar o dejar rastros en objetos, lugares y personas.

diversidad y diversidad en unidad—".[3] El punto clave es simplemente que la parte tiene acceso al todo.

De este modo, cualquier trozo del holograma reconstruirá el todo. Lo que esto significa puede ser extendido al estudio de la psicometría. Teóricamente, cualquier fracción de nuestra vida, o cualquier cosa tocada por nosotros, tendrá una impresión que puede ser usada para conectarse directamente con nosotros en algún nivel. Estas conexiones son llamadas "testigos" radiónicos y psiónicos.

Un testigo puede ser definido como algo que representa psíquicamente a la persona o ha sido parte de ella. "Esto puede ser una fotografía, una firma, una muestra de sangre, cabellos, recortes de uñas, cualquier cosa".[4] Los testigos más íntimos del individuo o los que posee por períodos de tiempo más largos, son más efectivos y podemos sintonizarnos con ellos más fácilmente. (Esta teoría de conexiones holográficas y testigos, ayuda a explicar por qué ciertas formas de hechizos mágicos han tenido efectos exitosos).

El paradigma holográfico tiene relación con teorías encontradas en la física cuántica. Para hacer la teoría lo más simple posible, toda la materia está compuesta de pequeños paquetes de energía conocidos como quántums. Esta energía conforma átomos que resuenan a una frecuencia particular. Cada átomo tiene una frecuencia diferente. De este

---

3. Wilber, Ken, Ed.: *The Holographic Paradigm*. New Science Library; Boulder, Co. 1982, pág. 2.

4. Cosimano, Charles: *Psionics 101*. Llewellyn Publications, St. Paul, 1987, pág. 82.

modo, cada persona o cosa tiene su propia frecuencia, de manera similar a la diferencia encontrada en huellas dactilares y copos de nieve.

Debido a que cada persona o cosa es única, hay una empatía entre el todo y sus partes. Hay una afinidad y una resonancia empática con todo lo que la conforma. De este modo, incluso una parte de su existencia puede ser un medio de conexión con todo lo que ha ayudado a formarla. Así, un objeto es una conexión con quienquiera que lo posea. Un lugar es una conexión con lo que ocurrió en él. El trabajo del físico David Bohm con física subatómica y potencial cuántico, lo llevó a concluir que entidades físicas que parecían estar separadas, realmente estaban unidas de esta manera única.[5]

Estas teorías de hologramas y física cuántica ayudan a explicar experiencias trascendentes como las que se presentan en el plano psíquico, incluyendo la psicometría e incluso las vidas pasadas. Para entender esto realmente, debemos examinar cómo funciona el cerebro.

Tradicionalmente, hemos explorado la idea de que el cerebro tiene dos formas de verse, cada una basada en las diferentes características de los hemisferios individuales. Cada hemisferio recoge información pero la maneja de manera distinta.

Uno, a menudo el izquierdo dominante, tiene la tendencia a tomar e inhibir la otra mitad. El hemisferio izquierdo analiza, cuenta el tiempo, verbaliza, y es lógico y lineal en su

---

5. Wilber, Ibíd: pág. 2.

enfoque de la vida. Por otra parte, hay una segunda forma de conocer y aprender a través del hemisferio derecho. Por medio de él intuimos, imaginamos, vemos relaciones y tenemos destellos de discernimiento.

La superteoría holográfica del funcionamiento del cerebro dice que "éste construye matemáticamente la realidad 'tangible' interpretando frecuencias de una dimensión que trasciende el tiempo y el espacio. El cerebro es un holograma, interpretando un universo holográfico . . . Los fenómenos psíquicos son sólo derivados de esta matriz simultánea en todas partes . . ."[6] Implícito en esto yace el concepto de sincronización hemisférica. Mientras el cerebro izquierdo está construyendo y analizando la realidad tangible, el derecho debe estar funcionando para interpretarla.

Una tercera forma de conocimiento surge a través de este funcionamiento equilibrado de los dos hemisferios cerebrales. Es llamada sincronización hemisférica. Cuando los hemisferios están balanceados y funcionan juntos, asimilamos información más fácilmente. También aprendemos con mayor rapidez y conservamos el control consciente de percepciones superiores, incluyendo las de naturaleza psíquica. Es muy probable que equilibrando los hemisferios del cerebro, sea facilitado el funcionamiento holográfico.

La teoría del holograma enriquece y amplía los conceptos tradicionales del funcionamiento del cerebro. Hace que tengan sentido los fenómenos de los que anteriormente algunos

---

6. **Ferguson, Marilyn, "Karl Pribram's Changing Reality":** En Ken Wilber, Ed. págs. 22 y 23.

se mofaban. No niega lo que sabemos sobre el cerebro, sino que explica con detalles cómo lo sabemos, y más importante aún, cómo podemos percibir y saber más. El funcionamiento del holograma explica la capacidad humana de tener experiencias místicas y percibir fenómenos psíquicos. Todo está conectado, y una parte de nosotros lo sabe —al menos en algunas ocasiones—.

Cuando desarrollamos nuestra conciencia y aprendemos a cambiar nuestras formas normales de pensamiento —al utilizar los dos hemisferios del cerebro—, tenemos mayor capacidad para experimentar percepciones holográficas. Podemos sintonizarnos con cosas distantes pero relacionadas con nosotros. Podemos coger un objeto y conectar nuestra conciencia con lo que estuvo relacionado. El funcionamiento holográfico del cerebro es más perceptivo y opera en dimensiones que están más allá de nuestras perspectivas convencionales de tiempo y espacio.

En el mundo occidental, el cerebro izquierdo es el dominante. A menudo somos demasiado lógicos en nuestro enfoque de la vida. Ignoramos o le quitamos importancia a nuestro lado más intuitivo y creativo, controlado principalmente por la actividad del cerebro derecho. Por eso debe ser establecido un equilibrio entre los hemisferios. Practicar la meditación o actividades creativas, estimula un mayor funcionamiento del cerebro derecho, ayudando a balancear nuestro lado lógico. Cuando hacemos esto, se desencadenan automáticamente las percepciones holográficas. Empezamos a tener experiencias trascendentes fuera de los cinco sentidos físicos. Son activadas nuestras percepciones psíquicas naturales.

Por eso es importante también reconocer cualquier experiencia mística o psíquica. Esto afirma la realidad de la tercera forma de funcionamiento del cerebro; la refuerza. Luego puede fortalecerse. Entre más la reconozcamos y usemos, más poderosa será para nosotros.

Ejercicios

IV: Cambiar la conciencia

Una persona creativa es la que puede procesar información y percepciones en nuevas formas. Para hacer esto, debemos aprender a separarnos de nuestra usual manera de pensar y percibir. Tenemos que establecer un vínculo más directo con la mente subconsciente, porque es la fuente de todas nuestras percepciones sutiles.

Para la mayoría de personas en el mundo occidental, hay dificultad para pasar de la actividad normal del cerebro izquierdo a nuestras percepciones más creativas e intuitivas. De hecho, en la mayoría de gente, el cerebro izquierdo con frecuencia es sobreestimulado. Si no cree en esto, unas simples observaciones de sus propios procesos de pensamiento lo probarán.

Ponga atención a sus procesos de pensamiento la próxima vez que salga de su entorno laboral. Después de un agitado día en el trabajo, la mente de la mayoría de personas funciona desenfrenadamente. Vemos las cosas desde diferentes ángulos, las abordamos y dejamos a un lado una y otra vez. Cada vez que esto ocurre, refleja una excesiva actividad del cerebro izquierdo. El hemisferio izquierdo está sobreestimulado.

Las pautas presentadas en esta sección, y los otros ejercicios que siguen en este capítulo, están diseñados para estimular la actividad del cerebro derecho y equilibrarlo con el izquierdo.

Desarrolle su capacidad de relajarse: La relajación es la clave para cambiar la conciencia. Esto incluye la relajación física y mental. Para la mayoría de personas, la física usualmente es más fácil de realizar que la mental y emocional, así que empiece con ella. Por lo general la gente tiene tensión emocional y mental en alguna parte del cuerpo. Cuando aprenda a relajar el cuerpo físico, dicha tensión también será aliviada.

Adopte una posición sentado o postrado, una en la que esté cómodo. Practique transmitiendo sensaciones tranquilizantes a cada parte del cuerpo. Empiece con los pies y avance hasta la cabeza. Tómese su tiempo en esto.

Para ayudar al proceso, alternamente tensione y relaje cada parte antes de concentrarse en enviar las sensaciones de alivio. Esto ayuda a liberar y aliviar el estrés y la tensión que yace en cada área del cuerpo.

No se desanime si inicialmente esto toma mucho tiempo. Si no está acostumbrado a relajarse, debe aprender a hacerlo como pasa con cualquier otra técnica. Con persistencia y práctica, encontrará áreas de su cuerpo en las cuales retiene la tensión más fuertemente, y así sabrá dónde concentrar sus esfuerzos. Eventualmente verá que relajarse es cada vez más fácil y rápido.

Para la psicometría, o la expresión de cualquier capacidad psíquica, las relajaciones profundas no son necesarias. Estados alterados de conciencia efectivos sólo requieren relajaciones ligeras y comodidad.

Practique y use la respiración rítmica: Respirar es esencial para la vida. Aire fresco y una apropiada respiración son necesarios para tener la mente y el cuerpo relajados y en equilibrio. Esto es más eficaz cuando se combina con la relajación progresiva. Cuando estamos tensos, el patrón de respiración es muy diferente del que tenemos al estar relajados.

La respiración siempre debe ser hecha desde el diafragma. Muchas personas también tienen el mal hábito de sólo respirar por la boca, sin tener en cuenta que la respiración por la nariz es más natural, equilibrada y saludable. Las fosas nasales contienen vello que filtra el aire. Las membranas mucosas también sirven para calentarlo. Esto hace que el aire se adecue para los delicados órganos de los pulmones y sea más relajante para el cuerpo.

La respiración alterna por la nariz es un método yoga para vitalizar y relajar. Equilibra los hemisferios del cerebro, y energiza y balancea las polaridades del cuerpo. Aumenta nuestra capacidad de aprender y asimilar información. Desarrollarla antes de la meditación, prácticas psíquicas o simplemente estudiar, hace que sea más efectivo el tiempo gastado en tales actividades.

La respiración alterna por la nariz se desarrolló del yoga con base en el concepto de polaridades en el cuerpo. Tanto la energía del cuerpo, la mente y el espíritu tiene polaridades. Esto es expresado en su mayor parte a través de dos antiguos principios herméticos:

- Principio de polaridad: "Todo es dual; todo tiene polos; todo tiene su par de contrarios; semejante y distinto son lo mismo; los opuestos son de naturaleza idéntica, pero en diferente grado; los extremos se encuentran; todas las verdades son sólo verdades a medias; todas las paradojas pueden ser reconciliadas".[7]

- Principio del género: "El género está en todo; todo tiene sus principios masculino y femenino; el género se manifiesta en todos los planos".[8]

En el yoga, la Luna, o respiración femenina, es llamada Ida, y el Sol, o respiración masculina, es llamado Pingala. El equilibrio de los dos es Susumna. Nuestra energía tiene polaridad —positiva y negativa, eléctrica y magnética, masculina y femenina, Sol y Luna—. Incluso los hemisferios cerebrales pueden ser categorizados de esta manera. El izquierdo es masculino y el derecho es femenino. El equilibrio de las dos respiraciones crea un equilibrio de los hemisferios. Esto aumenta la intuición práctica y nos guía a la percepción holográfica que facilita las experiencias trascendentes de todo tipo.

---

7. **Three Initiates**, *The Kybalion*, Yogi Publication Society; Chicago, 1940, pág. 32.

8. **Ibíd.**

Esta técnica básica está compuesta de respiraciones alternas, aspirando por una ventana de la nariz y luego espirando por la otra. La atención consciente sobre la punta de la nariz, especialmente durante la aspiración, mejora enormemente los efectos de este ejercicio.

Siéntese cómodamente, ponga los dedos de la mano derecha sobre su nariz y exhale. También ponga la lengua sobre el paladar, justo detrás de los dientes. Esto sirve para conectarse con los dos canales o meridianos de energía primarios del cuerpo. (Los meridianos en la filosofía oriental pueden ser comparados con los canales nerviosos dentro del cuerpo. Dos de ellos son los más importantes; son llamados meridiano gobernante y meridiano de concepción. Atraviesan la columna vertebral y parte central del cuerpo. Estos dos canales de energía son críticos para el equilibrio de las polaridades y la actividad hemisférica del cerebro).

Usando su dedo pulgar, cierre la ventana derecha de la nariz e inhale a través de la ventana izquierda a la cuenta lenta de cuatro. Manteniendo cerrada la ventana derecha, sujete la izquierda con los otros dedos, dejando cerrada toda la nariz. Sostenga la respiración hasta la cuenta de diez.

Ahora suelte el pulgar, abriendo la ventana derecha de la nariz, pero manteniendo la izquierda cerrada con los otros dedos. Exhale lentamente hasta la cuenta de seis a ocho a través de la ventana derecha.

Ahora libere la nariz totalmente, y con el pulgar de la mano izquierda, cierre la ventana izquierda. Inhale a través de la derecha hasta la cuenta lenta de cuatro. Luego ponga los otros dedos sobre la ventana derecha, de tal forma que junto al pulgar cierren la nariz completamente. Sostenga la respiración hasta la cuenta de 10-16, como antes. Luego suelte el pulgar y exhale por la ventana izquierda hasta la cuenta de seis a ocho, mientras mantiene cerrada la ventana derecha con los otros dedos.

Repita este ejercicio con cuatro o cinco respiraciones, alternando los lados. Aspire por una ventana, sostenga y exhale por la otra. Invierta esto y repita el procedimiento.

Desarrolle su capacidad de meditar: La meditación es una maravillosa y poderosa herramienta para ayudar a cambiar la conciencia. Meditación no significa sentarse con la espalda derecha y las piernas dobladas en una posición de loto. Significa que debemos calmar el cuerpo y la mente para percibir en niveles más profundos y sutiles.

La clave para cambiar nuestra conciencia, la manera en que percibimos el mundo, es usar un estado alterado de conciencia. Todos hemos experimentado estos estados. Soñar al dormir es un estado alterado, al igual que soñar despierto. Cuando leemos, a menudo nos salimos de nosotros mismos. Incluso las caminatas, los viajes largos y escuchar música producen cambios en la conciencia. Con la meditación, aprendemos a cambiar nuestra conciencia de manera controlada, a acceder conscientemente a la mente subconsciente, y dirigimos sus capacidades perceptivas de la forma que escojamos.

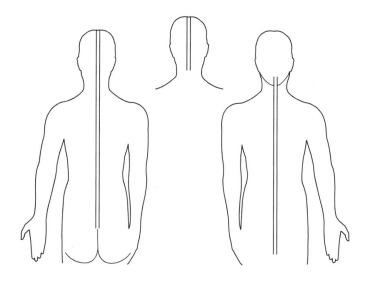

Figura 7:
Meridiano gobernante y meridiano de concepción

Estos dos meridianos son críticos para el equilibrio de polaridad en el cuerpo. El gobernante es masculino, y el de concepción es femenino. Cuando son balanceados por medio de técnicas tales como la respiración alterna por la nariz, los hemisferios del cerebro se sincronizan, y los estados alterados de percepción son intensificados y controlados más fácilmente.

La mayoría de técnicas meditativas, sin reparar en su propósito, son sencillas. Cualquier persona con práctica y un poco de tiempo puede desarrollar esta capacidad. Pero la mayoría de personas se desanima con facilidad o sus expectativas son demasiado grandes. Si nada parece suceder de inmediato, o si la persona no experimenta los estados extáticos que otros describen, termina rindiéndose.

Uno de los mayores problemas que se presentan es llamado resistencia. La resistencia ocurre cuando se accede a la mente subconsciente. En la mayoría de personas, a la mente subconsciente se le permite funcionar veloz y confusamente, y enfocarse en mil cosas con poca o ninguna dirección. A menudo opera como un niño consentido al que siempre se le ha dejado hacer lo que quiere cuando quiere, sin tener disciplina alguna.

A veces esto se debe a la creencia errónea de que no podemos controlar la mente subconsciente, cuando en realidad podemos hacerlo en varios grados. También es debido a que estamos en una "sociedad de comidas rápidas". Nos gusta todo al instante y rápido. Esto incluye nuestro desarrollo psíquico. Cuando no funciona de esa manera, las personas se desaniman.

Sin embargo, lo que por lo general sucede es que la persona tiene dificultad para enfocarse y concentrarse. Se relaja y empieza a enfocarse en una sola imagen o idea, y luego la mente empieza a divagar. Comienza a pensar en lo que hizo en el trabajo, lo que alguien le dijo, sobre el comportamiento de sus amigos, en mil cosas.

Esta es una señal positiva. La resistencia sólo ocurre cuando hemos accedido a la mente subconsciente. Es importante reconocer esto y no desanimarse. Por eso también es bueno aprender a enfocarse en una imagen o idea central. Si su mente divaga, sólo regrésela a ese punto de enfoque.

Inicialmente, puede encontrar que su mente se extravía 80 a 90 veces. Sin embargo, cada vez que reconoce esto y con calma regresa a su punto de enfoque, envía un mensaje al subconsciente. Le está diciendo a la mente que ya no debe divagar cada vez que lo desea; le está diciendo que permanezca enfocada en lo que usted decide. Como resultado, la mente divaga cada vez menos en sus meditaciones. Estará ejerciendo disciplina y control sobre los aspectos más poderosos de la mente. Este proceso puede tomar tiempo y ser difícil, pero todos podemos lograr resultados casi de inmediato.

La clave para su aplicación en psicometría radica en desarrollar dos capacidades: visualización y concentración. La primera es la capacidad de crear una imagen mental y retenerla. También tiene que ver con retener en la mente una idea particular y todas las cosas asociadas con ella, esto es, alegría y todo lo que este sentimiento significaría y adicionaría a su vida. Mientras aprende a visualizar en las meditaciones, aumentará su capacidad de percibir a través del enfoque en psicometría.

La concentración es el arte de retener una imagen o idea fuertemente en la mente sin desviarse a otras cosas. En la psicometría, esto es esencial para sintonizarse y retener imágenes e impresiones centrales del objeto, lugar o persona al que se hace el trabajo psicométrico. Con la práctica, todos podemos aprender a sostener un enfoque concentrado con exclusión de otros pensamientos.

Cuente lentamente hasta diez. Visualice cada número en su mente, y retenga ese número excluyendo cualquier otro pensamiento, hasta que el siguiente número sea contado. Con frecuencia he utilizado este ejercicio en mis clases de desarrollo para enseñar visualización y concentración —y para demostrar que no es tan fácil como parece—. Pocas veces cuento a una velocidad constante. Si surgen otros pensamientos en medio de la visualización y concentración, incluso pensamientos tales como "¡oh!, esto no es tan difícil", se necesita más práctica.

V: Ilusiones ópticas

Las ilusiones ópticas a menudo demuestran que ver no siempre es creer. Muchas personas asumen que sólo es real lo que experimentan tangiblemente. Las ilusiones ópticas reflejan los fenómenos ilusorios de una cuarta dimensión de experiencias.

Con las ilusiones ópticas, los ojos pueden ver todas las imágenes inherentes. Los ojos reciben la información, que luego el nervio óptico registra y transmite al cerebro. Cuando la información pasa al cerebro, los registros se tornan más abstractos y complejos. Entre más compleja sea la imagen, más tiene que trabajar el cerebro para entender lo que está siendo percibido. Si no puede ser comprendido con una parte del cerebro, otra trata de traducir y darle sentido a las imágenes.

Jugar con las ilusiones ópticas nos ayuda a cambiar la conciencia. Involucramos al cerebro en nuevos niveles de percepción. Empezamos a observar y contemplar lo que usualmente no vemos. Nos ayuda a pasar de las normales percepciones conscientes a aquellas que son más sutiles y menos tangibles. También nos enseñan que realmente se conoce poco en cuanto a cómo el cerebro procesa la información que recibe a través de los ojos y los otros sentidos.

Cualquier cosa que se tope con los ojos, se encuentra con el cerebro. Esto también se aplica a los otros sentidos. Podemos usar ilusiones ópticas para cambiar con rapidez las respuestas del cerebro izquierdo al cerebro derecho. Jugar con ilusiones ópticas unos minutos estimula la actividad del cerebro derecho e incluso lo equilibra con el izquierdo. Esto facilita la activación del nivel de percepción holográfico a través de todos los sentidos.

Esto es especialmente cierto en las figuras irracionales, imágenes duales, o ilusiones que se presentan a nivel de la superficie del suelo. Una vez que las ilusiones sean percibidas, encontrará la mente cambiando de una imagen a la otra. Este cambio indica que ambos hemisferios están funcionando para comprender la imagen total, pero cada uno percibe y procesa la información de forma diferente. El cambio de un lado a otro entre imágenes en la ilusión, crea sincronización hemisférica. Los ejemplos de las páginas siguientes muestran este cambio.

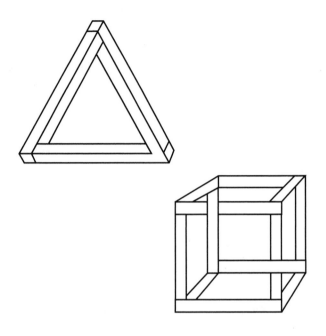

Figura 9:
Figuras irracionales

*Las figuras irracionales sólo existen en el papel y no es posible construir-
las físicamente. Debido a su irracionalidad, fuerzan al cerebro a cambiar su procesamiento normal y cotidiano (nuestro enfoque racional de
la vida) para percibir y entender otros niveles, incluyendo un enfoque
de la información por parte del cerebro derecho, o incluso uno más trascendente o psíquico.*

Figura 10:
Ilusión de superficie

¿Ve la letra "E"? Esta ilusión ocurre cuando nuestros ojos no pueden elegir entre las formas positivas y negativas, debido a que son de igual intensidad. Por lo tanto, el ojo cambia repetidamente de un área a la otra. Esto hace que el procesamiento de la información que ocurre en el cerebro cambie repetidamente del hemisferio izquierdo al derecho.

Figura 11:
Patrón muaré

Cuando dos o más patrones geométricos de elementos repetitivos igualmente espaciados están traslapados en determinados ángulos, el cerebro y los ojos llenan las intersecciones, produciendo un reflejo trémulo. Esto indica un funcionamiento equilibrado de la actividad del cerebro derecho e izquierdo, y puede emplearse para llevar al cerebro a niveles de percepciones psíquicas con solo enfocarnos en tales patrones unos momentos. Esto puede ser usado como un ejercicio preliminar para practicar la psicometría.

Durante varios minutos examine las ilusiones ópticas. Esto le ayudará a cambiar de la conciencia normal a la más trascendente. Las ilusiones le harán más fácil despertar sus propias percepciones psíquicas. Facilitan la activación de partes del cerebro y la mente subconsciente que tienen mayor capacidad de percepción y estimulan la capacidad psíquica. Podemos llegar a percibir múltiples niveles. También desarrollan la observación desenfocada, que es una herramienta necesaria para las impresiones psicométricas.

Capítulo 3

Los fundamentos del tacto psíquico

Para muchas personas, la psicometría es una de las capacidades psíquicas más fáciles de desarrollar. Cualquier persona puede adquirirla, y puede ser usada para agudizar todas nuestras percepciones psíquicas. La buena psicometría requiere especificidad. A través del sentido del tacto, podemos llegar a ser conscientes de las circunstancias que se relacionan con el objeto o las personas que han sostenido o poseído los objetos.

Las impresiones pueden presentarse en una variedad de formas, pero todas ocurren por medio del contacto físico entre el psicometrista y el objeto o persona al que se sintoniza. A menudo, las impresiones más recientes asociadas con el objeto, o las que tienen el más fuerte impacto emocional, serán recibidas primero, aunque este no siempre es el caso. No se desanime si no obtiene esta clase de resultados. Esto significa que su energía y sintonización puede operar un poco diferente.

Las cuatro formas de impresión más comunes son:

- Física
- Emocional
- Auditiva
- Imágenes

Las impresiones físicas se dan en diversas formas. Es posible sentir hormigueo, intranquilidad, cambio de temperatura en el cuerpo o la del objeto. Examine su cuerpo. Mientras sostiene el objeto, ponga atención a las partes de su cuerpo que se expresan con sensaciones en ese momento. ¿Pican, hormiguean? Esto suele arrojar pistas de los aspectos físicos del dueño del objeto.

Inicialmente muchas personas experimentan cambios de temperatura cuando sostienen por primera vez el objeto. Éste se calienta o enfría, lo cual da al psicometrista un punto de partida. Es como estrechar la mano de alguien por primera vez; que sea firme o floja nos da una impresión inicial específica de esa persona. La psicometría es similar. Coloque atención a lo que siente cuando toca el objeto o individuo por primera vez.

Muchos de nosotros practicamos la psicometría a lo largo del día sin darnos cuenta. La mayor parte de esto ocurre por contactos accidentales. Sucede tan rápido que no siempre lo reconocemos. Los apretones de manos momentáneos a menudo nos indican "cómo se encuentra una persona". ¿Alguna vez se ha retorcido por el contacto de alguien, sin saber por qué se sintió así? O, ¿alguien lo ha tocado cariñosamente en ocasiones en que está estresado y esto lo ha aliviado?

Aprender a poner más atención a esta clase de cosas, es parte de lo que este libro le enseñará.

Las impresiones emocionales también son fácilmente recibidas cuando se sostiene o toca un objeto. Recuerde que los sucesos y situaciones emocionales se impregnan con fuerza sobre objetos y lugares. ¿Ha visto a alguien, o estrechado su mano, y sabido si esa persona estaba feliz, triste, alegre o deprimida? Los seres humanos son seres muy emocionales, y se sintonizan con los sentimientos ajenos más a menudo de lo reconocido.

Cuando tome un objeto, examine sus propias reacciones emocionales. ¿Empieza a sentirse tenso, feliz, triste, gracioso? A menudo, las emociones que experimentamos son desencadenadas por quienes nos rodean. Cuando aprenda a monitorear sus propias respuestas emocionales, también aprenderá a controlarlas con más eficacia. Parte de esto será tratado más adelante en el capítulo 6.

Esto incluye visiones, símbolos, escenarios, imágenes aisladas y más. Las imágenes pueden estar fragmentadas, dispersas o completas. Puede simplemente tratarse de un pensamiento o idea acerca de cierto escenario o suceso, o podría presentarse como una película a través de nuestra mente.

A veces, el psicometrista puede no ver el rojo, por ejemplo, sino simplemente pensar que el rojo se relaciona con lo que está siendo percibido. De todos modos, acéptelo y reconózcalo. La mente subconsciente puede haberse sintonizado con el color rojo en este objeto, pero a veces las personas no son visuales. Luego las imágenes son reveladas en la mente consciente en forma de ideas o vagas impresiones de posibles imágenes sin ser vistas realmente.

El psicometrista también puede tener una experiencia plena de deja vu. Cuando el objeto es sugetado, toda el área que rodea la persona y el objeto parece ser transformada. Los sucesos no están siendo vistos o experimentados en la mente, sino en la realidad. Es como si el psicometrista fuera transportado a los eventos mismos, percibiéndolos en sus tiempos y lugares reales. Aunque son raros y muy espontáneos, efectivamente ocurren.

A veces nos rozamos con alguien en forma accidental y pasan por nuestra cabeza todo tipo de imágenes y pensamientos extraños. Por lo general los ignoramos, creyendo que no tiene sentido pensar o imaginar tales cosas. Después de todo, nunca antes ha habido una indicación de lo contrario. Esas imágenes pueden ser reales o sólo simbólicas, pero en cualquier caso, existen y debemos reconocerlas. Estamos sintiendo algo, incluso si no lo comprendemos.

A menudo, las imágenes se presentan en forma de símbolos. La simbología es el único lenguaje de la mente subconsciente. A través de imágenes y símbolos puede comunicarse con la mente consciente. Las imágenes que sentimos o vemos mientras tenemos cogido el objeto, pueden ser simbólicas, no reales. Discernir la diferencia puede ser difícil, pero con la práctica se torna más fácil. Recuerde, el subconsciente le transmitirá imágenes y símbolos que usted puede interpretar. Como lector, es una tarea que debe hacer. Nada es más exasperante que un lector revele una imagen y pregunte, "¿puede usted relacionar esto?", o "¿entiende esto?". Esta actitud refleja inseguridad, falta de desarrollo y práctica.

Como psicometrista, su trabajo es servir de interprete para el consultante. Durante las etapas de desarrollo, este tipo de cuestionamiento es necesario, pero con el tiempo deberá superarlo. Al finalizar la lectura, como ya veremos, es el momento apropiado para recibir información. Más adelante trataremos formas de presentar información psíquica en forma favorable.

Las impresiones auditivas también se presentan en diversas formas. Aunque no son tan frecuentes, efectivamente ocurren. Esto a menudo depende del nivel de desarrollo psíquico de la persona y su propensión natural para las señales auditivas.

Las señales auditivas pueden presentarse en forma de silbidos, zumbidos, palabras, frases e incluso mensajes completos. Algunos médiums usan sus guías espirituales para obtener información acerca del objeto y sus dueños. Estas comunicaciones con espíritus pueden ocurrir como percepciones auditivas.

Las percepciones auditivas pueden ser oídas en la mente, como si alguien nos hablara en la cabeza. También pueden venir del exterior, como si alguien nos hablara en la vida real. A veces el mensaje es claro; en otras ocasiones puede ser enigmático. Es nuestra responsabilidad darle sentido para la persona cuyo objeto está siendo leído.

Hay otras formas en que pueden surgir los mensajes de un objeto. A menudo experimento olores y fragancias con las personas. Éstos brindan indicaciones aromáticas del individuo. Por ejemplo, mientras leo un objeto podría empezar a oler eucalipto. Como sé que el eucalipto es una fragancia que calma las emociones, puede indicar mucha tensión emocional y/o trastornos alrededor de la persona o incluso que eso se solucionará pronto.

En ocasiones también pueden presentarse sabores. Por ejemplo, un fuerte sabor a sacarina podría indicar diabetes.

Como con todas las formas de psiquismo, son esenciales la práctica y el control. El desarrollo de la psicometría nos ayuda a descubrir y controlar todas nuestras capacidades psíquicas. Nos ayuda a superar la seguridad en únicamente los cinco sentidos. Nos enseña a usar estados alterados más eficaz y prácticamente. Esto nos sirve para evaluar mejor personas y situaciones en nuestra vida. Desarrollando la psicometría, nos capacitamos para ver patrones más amplios de la vida y las vidas de quienes entran en contacto con nosotros. Empezamos a ver la vida y las personas desde todos los niveles de conciencia, no sólo lo que experimentamos a simple vista.

Pautas para desarrollar la psicometría

Relájese y disfrute: Enfoque siempre la experiencia en un estado de relajación. El desarrollo y uso de la psicometría no es una competencia. No tiene que forzarla o luchar contra ella. La experiencia es perfectamente segura. Véala como una aventura o un juego divertido. Si no puede disfrutar el proceso, entonces no lo haga.

Hágalo simple: La gente suele tener conceptos erróneos sobre lo relacionado con lo psíquico. Ven esto como "obra del demonio" o algo envuelto en el misterio. Esta percepción es a menudo incitada por personas que hacen sus lecturas en habitaciones poco iluminadas y con incienso acre. La psicometría puede ser desarrollada muy fácilmente. No tiene que apagar las luces o usar inciensos específicos, aunque son útiles para algunos. Inicialmente necesitará eliminar las distracciones.

Tenga una mente abierta: Los más grandes obstáculos para manifestar la capacidad psíquica innata en todos nosotros, son el temor y la duda. Con frecuencia dudamos de la legitimidad de esto, o tememos que si lo intentamos estaremos equivocados. Y si esto pasa, nos sentiremos ridículos. Por eso puede ser favorable desarrollar tal capacidad en un grupo compatible. Además, es bueno recordar que el veinte por ciento de acierto es más alto que la ley de probabilidad.

Trabaje con un grupo compatible: En situaciones colectivas, en especial aquellas que trabajan por el mismo objetivo, habrá más refuerzo positivo. Todos podrán recibir información y ayudarse mutuamente para mejorar y aumentar sus capacidades. Lo que se debe tener en cuenta en cualquier trabajo colectivo es evitar la competencia. Las capacidades de cada uno son únicas. Cada persona debe desarrollarlas a su propio ritmo y de la manera más apropiada en forma individual.

Lleve un registro: Ponga por escrito fechas e impresiones que recibió, junto con más respuestas o confirmaciones. Podría incluso tener en cuenta influencias de personalidad, cómo se sintió antes y después. Su propio registro le probará que con la práctica aumenta la precisión.

Prepárese: Desarrolle algún ejercicio de relajación. También puede realizar uno o más de los ejercicios de agudización del tacto presentados en el siguiente capítulo. Elimine las distracciones. Desconecte el teléfono. Con tiempo y práctica, aumentará su capacidad de enfocarse y concentrarse incluso en medio de distracciones.

Si piensa hacer más que una lectura psicométrica, es bueno tener un paño mojado disponible. Después de terminar cada conexión, limpie sus manos con el paño. Esto elimina las impresiones dejadas por el objeto en las manos. De esta manera, no habrá confusión cuando siga con el siguiente objeto. Si toca un objeto con la cara o frente, también debe limpiarla. Está limpiando la pizarra literal y simbólicamente para recibir las más precisas impresiones del nuevo objeto.

Escoja el objeto: Esto puede ser hecho por usted, o si está capacitándose, puede haber una mesa en la cual son puestos los objetos a examinar en cada reunión por otros miembros del grupo.

Es bueno trabajar en grupo, porque así tendrá objetos de personas con quienes puede ver la exactitud de sus impresiones. Inicialmente, use objetos que sólo hayan sido poseídos y utilizados por una persona. Esto ayuda a eliminar la confusión. Las joyas son buenas, al igual que mechones de cabello. Las fotos también sirven, especialmente las de polaroid. A las cartas también se les puede hacer el trabajo psicométrico. Los principiantes deben evitar las antigüedades, ya que han sido cargadas energéticamente por muchas personas. Las impresiones pueden ser confusas.

Periódicamente, hago demostraciones de psicometría en grupos. En tales ocasiones, pido que miembros de la audiencia coloquen en la mesa un objeto personal antes de yo iniciar. En lo posible trato de no estar en la habitación mientras colocan estos objetos. De este modo, es menos probable que la lectura sea influida por mi observación de la persona. Prefiero saber poco o nada del dueño del objeto que estoy examinando.

En la hora programada, entro al lugar. Llevo conmigo un paño mojado para limpiar mis manos después de cada lectura, de tal forma que las vibraciones de las anteriores lecturas no interfieran con la presente.

Elijo un objeto de la mesa, lo observo, lo toco y tomo en mis manos, y a veces lo coloco sobre mi frente. A veces tengo los ojos abiertos; en otras ocasiones los mantengo cerrados durante toda la lectura.

A veces me preguntan cómo sé con cuál objeto empezar. La respuesta es simple: no importa. Elija el que le llame la atención.

Sintonícese con el objeto: Empiece con el propósito silencioso de obtener impresiones. Esta es una forma de comunicarle a la mente subconsciente exactamente lo que desea que haga para usted.

Luego, escogiendo el objeto, tóquelo, sosténgalo y examínelo. Tómelo entre las manos. Póngalo sobre su mejilla, frente o plexo solar. Tóquelo de una manera en que se sienta cómodo. Ponga atención en la forma en que examina el objeto. Si con frecuencia utiliza sólo las manos, y luego encuentra que desea ponerlo sobre el plexo solar, esto es una indicación para usted, y tiene un significado.

La mayoría de psicometristas buenos empieza describiendo el objeto al auditorio, si están trabajando en un grupo. Si trabajan con una sola persona, de todos modos describirán audiblemente el objeto. Esto es esencial. Empiece siempre describiendo el objeto.

Esto sirve para varias cosas. Primero, ayuda a crear un cambio mental. Se convierte en una señal audible para la mente subconsciente que indica que está listo para recibir impresiones. Segundo, ayuda a aliviar el nerviosismo. Algunas personas son buenas para recibir impresiones, pero tienen dificultad para expresarlas. Tercero, el solo acto de describir ayuda a liberar el flujo de impresiones del subconsciente que ya ha recibido al tocar el objeto.

Las impresiones por lo general se me presentan después de describir el objeto, y empiezo a conectarme con lo que estoy recibiendo. Esta es una experiencia común entre los psicometristas.

Primero observe las respuestas de su cuerpo y emociones iniciales mientras manosea y describe el objeto. ¿Se siente bien o mal tocando el objeto? ¿Siente hormigueo en alguna parte? ¿Dolor? ¿Placer? ¿Calor? ¿Frío? Observe también las emociones más fuertes. Incluso si no puede "sentir" la emoción, pregúntese: "¿cuál es la emoción más fuerte asociada con este objeto?". Luego confíe en lo que llega a su mente. Aunque no lo esté sintiendo, es muy probable que ese pensamiento sea lo que su subconsciente ha recibido por su contacto con el objeto.

Estas primeras impresiones a menudo brindan indicaciones de la personalidad del dueño del objeto. Relacione esto con él o ella. Por ejemplo, "estoy sintiendo débil la rodilla derecha y por lo tanto esta persona probablemente tiene un problema en dicha área. Si no es un problema físico real, entonces simboliza . . ." Lo que está sintiendo tiene alguna relación con el dueño del objeto —real o simbólica—. De cualquier modo, usualmente es algo significativo.

Revele las impresiones: Empiece con las impresiones simples, incluso si son generales. Describa lo que siente, sin reparar en qué tan evidente sea. ¿Qué sobresale más para usted? Sea breve y equilibrado. Comience con la idea general, luego describa puntos más detallados. Verá que será cada vez más específico en forma natural.

Si está inundado de impresiones, mantenga el control y trate de no responder de inmediato o intentar tomarlas todas a la vez. Al no responder en tales casos, envía un mensaje al subconsciente para que merme el ritmo.

También puede sentir las impresiones fuertes, como si la fuente estuviera en su propio cuerpo. Esto es indeseable. Si está siendo afectado por las emociones del objeto hasta el punto de que es difícil mantener el control, descárguelo y rompa el contacto. Limpie su mano con el paño.

Cada psicometrista es un poco diferente. En mi caso, una vez que empiezan las percepciones fluyen rápidamente. A menudo me dicen que hablo rápido en las lecturas, pero en realidad doy la información tan pronto como la recibo.

A veces la impresiones fluyen con rapidez y en ocasiones lo hacen lentamente. No se preocupe si no se presentan de inmediato. Por eso es bueno describir el objeto; ayuda a aliviar el nerviosismo de no tener las impresiones al instante. Todas las veces no fluirán en seguida.

Yo revelo todo lo que capto, sin importar qué tan trivial o disparatado pueda parecerme. Aquí es donde muchas personas se complican. Tratan de descifrar todas las impresiones que reciben, quieren darle sentido a todo de inmediato. Esto dificultará el flujo energético, en especial al comienzo. Revele lo que capta a medida que lo recibe.

Llegará el momento en que las impresiones y sus significados fluirán en forma simultánea, pero para el principiante es importante establecer sólo el flujo de las impresiones. Más adelante, con la ayuda del dueño del objeto, podrá filtrar la información.

Mientras desarrolla esta capacidad, las impresiones que recibe del objeto empezarán a desencadenar percepciones psíquicas de otros sucesos concernientes a la vida del dueño. Esto también incluye acontecimientos futuros. A veces el objeto brinda el conocimiento de eventos y circunstancias en el horizonte.

Exprese también estas percepciones, pero hágalo prudentemente. Nada es definitivo. Los sucesos y situaciones pueden cambiar. La persona no debe ser guiada a creer que los acontecimientos no pueden ser alterados. Aprenda a desarrollar formas de expresar la información de tal suerte que ayude a la persona a ver nuevos caminos. Para esto serán de ayuda algunas de las técnicas presentadas en el capítulo 7.

Confirme sus impresiones: Después de hacer la lectura, levanto el objeto y le pido a su dueño que se levante. En ese momento, le pregunto cómo lo hice. Para mí, esto es lo más importante. La respuesta crea confianza.

Esto también ayuda a crear parámetros para entender las impresiones psíquicas. Si sintió algo y es confirmado, negado o aclarado por usted de algún modo, entonces la próxima vez que sienta eso o algo similar, tendrá una mejor posición para interpretarlo con más precisión para la persona.

Se sorprenderá de cómo mejora su precisión con la práctica. Tal vez, inicialmente, sólo acertará en dos de diez impresiones, y se acercará a algunas de las restantes. Esto es bueno. El veinte por ciento usualmente se considera superior a la ley de probabilidad.

Ejemplo de lectura psicométrica

Este escenario es sacado de notas tomadas siguiendo una lectura psicométrica real que hice para una persona hace como un año. Ella era soltera y tenía unos 35 años de edad. No tuve otro contacto con esta mujer fuera de una corta conversación por teléfono antes de que se presentara a la consulta individual. Aunque el proceso fue hecho persona a persona, lo escribí como si estuviera siendo realizada en una situación de grupo. Por lo general inicio este tipo de sesiones hablando brevemente de lo que es la psicometría y luego sigo con una descripción del objeto. He omitido lo primero en el siguiente escenario:

Tengo en mi mano un delicado anillo de oro con dos piedras —una esmeralda pequeñita y un pequeño diamante—. Es muy hermoso y sin embargo se ve frágil. Esto en realidad puede reflejar la clase de persona que es la dueña. En ella hay una belleza expuesta de un modo muy débil, y probablemente siente que su corazón es demasiado frágil cuando se involucra en relaciones íntimas. Por haber sido herida cuando era muy joven en una relación seria, duda en exponerse al dolor otra vez. Quizás siente que su corazón es débil, pero también sabe que cuando lo entrega, lo entrega todo.

Esta persona está buscando su príncipe azul. No creo que el anillo sea o haya sido un anillo de compromiso, pero a ella le llamó la atención cuando era más joven —siento que ya lo tenía en la secundaria o el primer año de universidad—, y ha sido parte importante de su vida desde entonces.

Es probable que la esmeralda sea un símbolo para ella, tal vez es la piedra correspondiente a su mes de nacimiento, pero el diamante es el príncipe que desea tener en su vida. El anillo es el sueño o deseo que tiene cerca de su corazón.

Mientras sostengo este anillo, siento un dolor en mi rodilla derecha. Es posible que ella tiene entumecida esa área desde una reciente caída. Sucedió bajando una larga escalera —se resbaló sobre la alfombra—. La rodilla se lesionó cuando ella trató de detenerse. Aún hay señales de un golpe en su cadera izquierda.

Esta persona siente un gran amor por los animales, casi tiene una respuesta empática hacia ellos. Aun mayor es su amor por las plantas. Solía sentirse mal cuando caminaba sobre la hierba y la aplastaba. Oigo que se burlan de ella por tal razón.

Como nota adicional, se decía que el unicornio era tan bondadoso, que caminaba muy ligeramente y ni siquiera dañaba la hierba que pisaba. En esta persona siento ese mismo tipo de energía. No me sorprendería que ella adore los unicornios.

También estoy oyendo en el fondo una vieja canción . . . "Ve a casa, Cindy, Cindy . . ." Hay una Cindy o Cynthia que es muy importante para la dueña del anillo . . . Esta es una canción de la infancia, por eso es probable que una vieja amiga con este nombre recientemente ha entrado o va a entrar una vez más en su vida.

También estoy percibiendo que ha habido riñas con dos miembros de la familia. Uno es su madre y el otro es un pariente con quien ha tenido una rivalidad no declarada a través de los años.

En una nota final, antes de seguir con alguien más, quiero retornar a la idea de su príncipe, como se refleja en el anillo. Cuando cogí por primera vez el anillo, el diamante me impactó más fuertemente, y esto para mí sugiere que un nuevo príncipe ha llegado o muy pronto —dentro de un período de tres meses— estará llegando a su vida. Sólo el tiempo dirá si él es el verdadero príncipe, pero de hecho tiene características principescas.

Después, le pedí a la mujer información sobre lo que había recibido del anillo, y ella lo suministró gustosa. El anillo era de compromiso, pero el matrimonio nunca se realizó. Se lo dieron en el verano al graduarse de la secundaria. La esmeralda era la piedra de su mes de nacimiento. Su corazón había sido roto tan tristemente, que desde entonces ha dudado en involucrarse de lleno en una nueva relación.

Ella cree que su corazón es demasiado frágil para volver a sufrir experiencias similares. Sin embargo, conservó el anillo, no como un recuerdo del matrimonio perdido, sino para mantener vivas sus esperanzas de tener al hombre ideal.

Ella se había caído dos semanas antes de venir a la consulta, se resbaló en la alfombra en la parte superior de una escalera. La rodilla se lesionó, no cuando la mujer trató de detenerse (como yo había dicho), sino cuando se detuvo. Se atascó en la pared. Ella dijo que aún tenía señales de los golpes que sufrió al caer por la escalera.

Esta mujer adopta animales extraviados, dijo que su casa era como un bosque en miniatura. Cuando era niña no le gustaba pisar insectos ni caminar sobre flores. En respuesta a mi nota adicional sobre unicornios, ella se rió, pues los coleccionaba y tenía 25 ó 30 de ellos en su casa.

En cuanto a la canción "Cindy, Cindy", no pudo ubicarla en el tiempo. Antes de escribir esta sección, me puse en contacto con ella, pero aún no había encontrado una relación con la canción. Dijo que había una posibilidad, si era interpretada un poco diferente, pero no tuve en cuenta eso. (En la psicometría e incluso la mayoría de informaciones psíquicas, los datos deben ajustarse bien por sí solos. No acepto la idea de "hacer coincidir las cosas").

La mujer había peleado con su madre, pero no con otro miembro de la familia. Ella dijo que recientemente había tenido una discusión con su amiga más cercana que era como una hermana. Sugirió que tal vez a ella me refería. De nuevo, no acepté eso. Es muy fácil forzar las relaciones, y veo que muchos psíquicos lo hacen inadecuadamente. Usted no debería nunca forzar estas conexiones.

Es importante confiar en lo que fluye inicialmente y aferrarse a ello. Si fuerza las conexiones o revela vagas impresiones que tienen múltiples interpretaciones, entonces no está agudizando sus capacidades adecuadamente. En principio esto puede ocurrir, pero con la práctica podrá ser muy específico. Aprender a confiar en las impresiones es parte del proceso de desarrollo. Esto es lo que la psicometría ayuda a enseñarle.

Sugerencias especiales

La experiencia psicométrica es perfectamente segura. La clave radica en aprender a mantener el control.

La preparación y la práctica son esenciales; previenen la imprecisión y el mal uso de la facultad.

Su propia personalidad es beneficiosa para revelar las impresiones. Ponga atención a sus propias reacciones y respuestas mientras toca el objeto.

Recuerde, usted no es un oráculo. Aunque el desarrollo de la psicometría puede abrir otros niveles psíquicos y la percepción de posibles acontecimientos futuros, la palabra clave es posibles. Los sucesos y condiciones siempre pueden ser alterados. Hay que ser responsable de no guiar a otros a pensar de manera diferente.

Haga que el proceso de desarrollo sea divertido y agradable. Es fácil desanimarse. Evite la competencia, incluso con tablas de probabilidad. Algunas personas/científicos elaboran complejas tablas de probabilidad. Éstas pueden ser intimidantes y establecer un estándar que no emplea usted. Cualquier competencia —con otras personas en el entrenamiento, tablas, etc.— dificultará la relajación. Esto a su vez bloqueará o distorsionará sus impresiones.

No permita que las emociones negativas inunden su mente mientras hace una lectura. El miedo, la ansiedad y la duda crearán situaciones abrumadoras. Si esto no funciona (y hay ocasiones en que no funciona para nadie), evite la lástima de sí mismo. Continúe practicando.

Conserve la alegría en el desarrollo de la capacidad. Tenga una mente abierta y no la fuerce. Relájese, sea prudentemente optimista y tendrá éxito.

VI: Identificar la personalidad

Ya hemos discutido cuán fácil es que la impresión de personas y/o sucesos magneticen objetos. Algunos de ellos se prestan para la psicometría, por ejemplo joyas, cartas, fotos, etc. Con la mayoría de objetos de un sólo dueño, uno de los aspectos más fáciles de percibir es la personalidad del individuo. El patrón energético de la personalidad es una de nuestras impresiones más fuertes.

En el espiritismo tradicional, se usa una forma de psicometría para hacer lecturas psíquicas y trabajos de médiums, que se conoce como *billets*. Un billet es un pedazo de papel que por lo general contiene el nombre y la fecha de nacimiento de la persona. Estos datos son las dos huellas energéticas más fuertes de un individuo. Reflejan mucho del patrón de energías que hemos venido a desarrollar y revelar en esta vida. Con frecuencia utilizo billets cuando hago consultas privadas. Al individuo escribir su nombre, carga su energía en el papel. Luego yo lo utilizo para hacer la conexión inicial.

En este ejercicio usará billets. Es realizado mejor con un grupo de desarrollo o amigos. Lo más importante es que conserve una actitud alegre y descomplicada.

1. Necesitará hojas de papel pequeñas y de igual tamaño, una para cada participante. Cada uno debe escribir su nombre y fecha de nacimiento en el papel, y doblarlo

al menos dos veces. Estos datos no deben quedar visibles, y cada participante tiene que doblar el papel el mismo número de veces para que no haya pistas disponibles en cuanto a quién escribió en cada hoja.

2. Después de escribir y doblar el papel, cada participante debe ponerlo sobre el área del plexo solar con ambas manos. Cierre los ojos y empiece una respiración lenta, profunda y rítmica. Inhale hasta la cuenta de cuatro, sostenga la respiración hasta la cuenta de ocho, y luego exhale hasta la cuenta de cuatro. Véase y siéntase respirando su energía en el papel. Haga esto varios minutos.

3. Después de desarrollar lo anterior, reúna todos los billets en un tazón o sombrero y mézclelos. Luego cada persona debe sacar uno. Deje doblado el papel y no mire el nombre escrito en él.

4. Por turnos, cada uno debe describir algunos rasgos de personalidad del individuo que firmó el papel. Este es sólo un ejercicio preliminar. Hágase preguntas mentales, y siga únicamente con su primer pensamiento o impresión: ¿siente calor o frío? ¿Esta persona es reservada o abierta? ¿Esta persona es seria o afable? ¿Cuál era el genio de este individuo antes del encuentro de hoy? ¿Cuál es la emoción predominante en la vida de esta persona en este tiempo?

5. Haga preguntas simples, y limítese a no más de cuatro a seis. No hay necesidad de ponerlas por escrito. Esto debe ser hecho sólo de manera casual. Registrar

las respuestas puede hacer que algunas personas se sientan presionadas a dar respuestas incorrectas.

6. No se preocupe si saca su propio papel. No debería poder leerlo o diferenciarlo por la apariencia exterior. Para asegurar más esto, podría hacer que una persona doble todos los billets. Sacar el suyo puede en ocasiones ser muy revelador. Debido a que lo está tomando como si fuera de alguien más, hay una tendencia a ser objetivo. En ocasiones tendrá una nueva perspectiva de sí mismo y su posición en el mundo.

VII: Contacto personal

Este es otro ejercicio divertido, y sólo debe ser empleado como tal. Puede usarse en sesiones de grupo —con conocidos e incluso extraños—. Puede ser un maravilloso ejercicio preliminar para un grupo que está desarrollando la psicometría.

Si es hecho en un grupo, debería ser al comienzo. Si los participantes socializan y comparten las actividades del día, los resultados serán coloreados, por eso lo mejor es dejar la tertulia hasta después del ejercicio.

1. Empiece con un corto ejercicio de relajación.

2. Luego haga pareja con alguien que no haya visto en el transcurso del día. Tome un asiento opuesto a él o ella.

3. Tómese de las manos con su pareja. Cierre los ojos y trate de sentir la energía de la otra persona:

¿Él o ella se siente caliente o frío? (En este caso, no me estoy refiriendo a la temperatura corporal que puede haber sido afectada por las condiciones climáticas).

¿Esta persona se encuentra relajada? ¿Ha sido un día alegre? ¿Estresante? ¿Exitoso? ¿Cuál es el humor general? ¿Una parte en especial del cuerpo se siente más tensa? (Ponga atención a lo que siente en su propio cuerpo).

4. Confíe en lo que siente. Incluso si no siente nada, confíe en el pensamiento que cruza su mente mientras hace mentalmente estas preguntas. Tales pensamientos son a menudo impresiones que el subconsciente trata de comunicarle. Aprendiendo a reconocerlas y honrarlas expresándolas, las amplificará en el futuro.

5. Comparta lo que recibe. Debe haber una cominicación mutua. Sólo a través de él podrá desarrollar una mayor confianza y claridad en sus percepciones psicométricas.

VIII: Transferencia de imágenes

De nuevo, éste es sólo un ejercicio divertido. Sin embargo, puede ser usado para desarrollar y agudizar las capacidades psicométricas. Puede ser hecho con sólo otra persona.

1. Dígale a un amigo suyo que esconda un objeto importante para usted.

2. Después de que lo esconda, dígale que se siente frente a usted. Cójale las manos. Relájese. Incluso pueden respirar juntos. Sincronicen la respiración. Esto ayuda a crear armonía.

3. Mientras tanto, la persona que escondió el objeto debería formar y retener una imagen mental del lugar donde está escondido.

4. Mientras coge las manos de esta persona, de forma relajada trate de sintonizarse con sus pensamientos. Esto no debe ser forzado. Permita que una imagen se forme en su mente.

5. Reciba información en cuanto a dónde podría estar el objeto. Ponga atención a cualquier cosa que llegue a su mente. Incluso simples colores, aunque no un lugar, pueden reflejar algo cercano a donde está localizado el objeto. Mencione todo lo que llega a su mente mientras se concentra en los pensamientos de su amigo.

No se desanime si está equivocado. Diviértase. Intente esto no más de cuatro veces por sesión, o podría surgir la frustración. Esto a su vez creará obstáculos en el desarrollo de sus capacidades psicométricas.

IX: Percepciones simbólicas

A veces, las impresiones que recibimos pueden ser vagas y/o incluso simbólicas. La mente subconsciente nos presentará sensaciones e imágenes que no deberían ser tomadas en forma literal. Necesitan ser interpretadas por el dueño del objeto desde una perspectiva simbólica.

Por ejemplo, podríamos coger un objeto y sentir dolor en los riñones. Esto podría indicar que el dueño del objeto tiene un problema de salud real en tales órganos, pero el dolor u hormigueo que sentimos en esa área del cuerpo puede ser simbólico. Sabiendo que los riñones ayudan a filtrar la sangre, tal vez nuestra atención está siendo llevada a ellos porque el dueño del objeto necesita escudriñar y filtrar lo que sucede en su vida. Nuestra respuesta podría ser:

"Mientras sostengo este anillo, siento un leve dolor en el área de los riñones. Esto puede indicar un problema en tales órganos, lo cual necesitará ser chequeado por un médico, pero también podría ser simplemente simbólico. (Está bien decir que podría ser simbólico). Debido a que los riñones ayudan a filtrar la sangre, tal vez siento el dolor en ellos porque el dueño de este objeto necesita empezar a usar un poco más el discernimiento. Filtre lo que ocurre en su vida. No tiene que aceptar todo . . ."

Recuerde describir lo que está sintiendo y lo que esto indica probablemente. Confíe en sus instintos. Ya que está recibiendo las impresiones, es su responsabilidad traducirlas para la persona. No sólo diga "siento un dolor en los riñones, pero posiblemente es simbólico y no un problema físico real". Su cuerpo está haciendo la conexión, así que traduzca lo que siente. También tenga en cuenta que tales casos pueden ser reales y simbólicos al mismo tiempo.

¿Cómo ver la diferencia entre una sensación real y una simbólica? Mucho de esto es ensayo y error. Entre más practique y reciba información, más criterios tendrá para determinar si una impresión es real o simbólica. Esto también requiere que entienda y trabaje más con simbología y la mente subconsciente.

La simbología es el lenguaje del subconsciente. Debido a que éste interviene con todas las energías que entran y salen del cuerpo, es bueno aprender todo lo posible al respecto. Primero recuerde que el subconsciente sólo usará imágenes y símbolos que sabe que usted puede relacionar y comprender, siempre y cuando haga el esfuerzo.

Con la imagen del símbolo, el subconsciente puede concretar las sutiles percepciones etéreas que experimenta. Sirve como un puente para comprender las percepciones que recibimos pero no siempre reconocemos.

Comprender los símbolos es entendernos a nosotros mismos. Cada persona, en algún momento, necesitará aprender más sobre simbología y cómo usarla hasta su máximo potencial. Al trabajar con símbolos, empiece con sus propias percepciones y discernimientos. Use la libre asociación. ¿Puede relacionarlo con algo en su vida?

Comience haciéndose algunas preguntas simples: cuando veo esta imagen, ¿con qué la relaciono usualmente? ¿Cómo me hace sentir siempre? ¿Qué significa para mí? ¿Qué asocio con este símbolo o imagen? Los símbolos e imágenes tienen que ver con realidades objetivas y subjetivas. Con ellos la mente subconsciente puede generar información para la mente racional y consciente.

Para que se ayude con la simbología, examine los símbolos que usa en su vida cotidiana. Esto le dará un mayor discernimiento de los símbolos que se presentan durante percepciones psicométricas. ¿Cuál es el significado de los símbolos en la iglesia? Examine su entorno, la decoración y los muebles. ¿Qué expresan o simbolizan de usted? Observe su ropa, chucherías, joyas y cosas similares. ¿Qué dicen acerca de usted? ¿Qué simbolizan de usted y sus actitudes?

Los símbolos son el lenguaje del yo superior. Las interpretaciones serán individuales inicialmente, y cambiarán a medida que usted crece, aprende y se desarrolla. Sin embargo, con la psicometría es importante la interpretación espontánea, pero tenga en cuenta que es sólo el comienzo.

X: Cómo usar la psicometría

Hay muchas formas de usar la psicometría. Un recuerdo de un ser querido que ha fallecido, puede ser un medio para mantenerse en contacto con el amor y las experiencias compartidos. Usar la psicometría con rocas, cristales y minerales puede ser un medio para mantenerse en contacto con la naturaleza. Incluso las plantas y flores se pueden usar para esto. Una técnica de clairsentience con flores será presentada más adelante en este libro.

Las imágenes y fotos son una poderosa forma de conectarse con las corrientes de vida de quienes aparecen en ellas. Con frecuencia hemos cogido una vieja foto de un amigo y luego nos hemos llenado de diversas emociones; y un par de horas después recibimos una llamada telefónica de nuestro amigo. Las fotos son conexiones con quienes aparecen en ellas. Con la psicometría podemos sintonizarnos con la energía presente en las fotos.

Aunque no se aplica directamente a la psicometría, es importante observar que una de las primeras cosas que usualmente enseño en clases de autodefensa psíquica, es que todas las posesiones, y especialmente las fotos, son entradas/conexiones para nosotros. Cuando una relación termina, debemos tratar de devolver todas las fotos y objetos personales. El individuo promedio no sabría cómo usarlos, pero son una forma directa de permanecer conectado. Tienen sus impresiones. Alguien preparado puede utilizarlos para sintonizarse con usted regularmente e incluso enviarle mensajes y sentimientos.

Al iniciar la práctica de la psicometría, trabaje con diversos objetos y materiales. Descubrirá que algunos son más fáciles de trabajar que otros. Para algunos la ropa puede ser una fuente de información, para otros serán las joyas, Somos únicos, y debemos desarrollarnos en los caminos más fáciles y mejores para cada uno. Además, trabajando con una variedad de materiales, logramos una mayor flexibilidad en las habilidades. No siempre tenemos acceso a prendas de ropa o metales.

Practique la psicometría con regularidad, pero hágalo a horas diferentes. Algunos encuentran que son más psíquicas en la noche, mientras otras se sienten más receptivas durante el día. Cada persona tiene sus propios ciclos. Practicando en diferentes horas, desarrollamos un mayor control sobre nuestras capacidades perceptivas. Aprendemos a usarlas a voluntad.

No tiene que desarrollar esta capacidad en grupo, puede hacerlo solo. Hay ciertas desventajas con esto, siendo la más obvia el hecho de no recibir respuesta inmediata que aumenta la confianza en sus capacidades. También elimina la competencia con otros, sea o no tangible.

Si practica solo, lleve un registro de sus impresiones como lo haría con un grupo. Grábelas o escríbalas mientras toca y coge el objeto. No olvide las fechas y datos similares. Vaya a prenderías y tiendas de artículos de segunda mano, y toque los objetos. ¿Cómo lo hacen sentir? Compre algunas baratijas, libros viejos e incluso prendas de vestir económicas. Practique la psicometría en estos artículos. ¿Qué clase de sensaciones recibe acerca de sus anteriores dueños y sus vidas? Tome el lapicero de un amigo o compañero de trabajo, y por medio de él tenga una idea de cómo se está sintiendo esa persona. Luego, en conversaciones casuales podrá obtener mayor información.

No recomiendo hacer esto a menudo con amigos y compañeros de trabajo sin su respectivo permiso, ya que hay leyes éticas de privacidad. No tenemos el derecho de penetrar en la vida privada de otros sin su permiso. Esto puede hacerse, pero hay un aspecto ético que se debe tener en cuenta. Conozco muchos psíquicos que se conectan con personas en cualquier momento que se lo pidan, lo cual considero inadecuado.

Varias veces han acudido a mí personas para que me conecte con parientes y amigos. Sacan fotos de suegros, sobrinos, vecinos, etc., y quieren saber quién engaña a quién, quién está haciendo trampa y una miríada de cosas triviales que no tienen nada que ver con la propia vida del individuo y sólo sirven para alimentar los chismes.

Soy directo con la gente y les digo que no entro en la vida de otros sin permiso. Hacerlo sin consentimiento es como abrirles su correo. Por otro lado, todos nos conectamos con otras personas hasta cierto grado; es parte del instinto de conservación. Evaluamos la gente y las situaciones para determinar grados de bienestar o malestar que probablemente encontraremos. No reconocer esas percepciones puede ser un error, y la mayoría de personas ha ignorado esa capacidad. La psicometría nos ayuda a recuperarla.

Las únicas excepciones que hago son los miembros de la familia no adultos, esto es, niños y jóvenes que aún viven en casa. También me sintonizo con cosas si se trata de asuntos de salud. Esta es mi ética personal. Son mis elecciones. No me gusta ni tolero que personas se entrometan o curioseen en mi vida, por eso no lo hago con los demás. Entre mayor es nuestra capacidad, mayor es nuestra responsabilidad.

Capítulo 4

Agudizar el sentido del tacto

Estamos expuestos a una gran variedad de energías y percepciones durante todo el día —sonidos, imágenes, electricidad y otros factores—. La mayoría no son reconocidos o son ignorados. Una de las maravillosas cualidades de la mente subconsciente es su capacidad de procesar todas esas energías y percepciones sutiles. Es sensible a toda la información sensorial y datos que encontramos en el transcurso del día.

No siempre somos conscientes de estos estímulos sensoriales y la interacción con nuestro propio cuerpo. Gran parte de esto pasa a través de nosotros, como una brisa que entra por una ventana abierta. La mente subconsciente lo capta todo, aunque la mente consciente no lo haga. La mente subconsciente filtra la información y determina cuál es o no significativa. Capta señales sutiles e indirectas en el lenguaje y la postura. Escucha tonos bajos en vocalizaciones. Puede detectar y reflejar impresiones de personas, lugares y cosas —pasados y presentes—.

Idealmente, deberíamos tener la capacidad de acceder en cualquier momento al banco de información y percepción que llamamos mente subconsciente. Podemos desarrollarnos y prepararnos para hacer esto —para ser más sensibles y conscientes de todo lo que experimentamos—. Incluso podemos aprender a ser selectivamente conscientes de impresiones sutiles. Esto requiere enfoque y aprender a usar estados alterados de conciencia.

Hay muchos estados de conciencia. Tenemos una conciencia de trabajo, una de diversión, una romántica, etc. Nos sumergimos en diversos modos de conciencia frecuentemente a lo largo del día, según nuestras necesidades y/o circunstancias. Soñar despierto es un estado alterado, como lo es el sueño nocturno. La ausencia de pensamiento refleja un estado alterado de conciencia. En la infancia, cuando dábamos vueltas hasta marearnos, también inducíamos dicho estado. El trance, la hipnosis y la meditación son medios de alterar la conciencia, al igual que las drogas y el alcohol, pero estos últimos deben ser evitados al desarrollar la sensibilidad psíquica.

Para nuestros propósitos, definiremos un estado alterado de conciencia como cualquier situación del ser que sea diferente del estado mental ordinario y racional. Es un estado relajado de la mente y el cuerpo, diferente al que usamos al realizar las actividades cotidianas.

Cada vez que quedamos absortos en algo, probablemente estamos en un estado alterado. Usualmente estamos muy relajados e inconscientes de las cosas que ocurren fuera de nosotros. Los artistas y personas creativas aprenden a usar

Consciente	Percepción de los sentidos. Expresión de la mente racional. Actividades cotidianas. 10% del cuerpo y el cerebro controlado.

Subconsciente	El sistema nervioso autonómico registra todas las percepciones. Intuición Creativa. Mayor percepción sensorial, 90% del cuerpo y cerebro controlado.

Las mentes consciente y subconsciente

Con la psicometría cogemos y tocamos un objeto para tener acceso a impresiones energéticas dejadas en él por el dueño del mismo. El subconsciente las percibe, pero debemos acceder a él para leerlas.

estados alterados conscientemente. Desarrollan un alto grado de enfoque y concentración. La práctica concienzuda con los ejercicios de este libro le ayudará a desarrollar el control de los estados alterados, particularmente en su aplicación en la psicometría.

Ayudas para el tacto psíquico

Se requiere de práctica para hacer que la mente y el cuerpo funcionen juntos conscientemente. Los ejercicios de este capítulo (y los otros) están diseñados para ayudarlo en esto.

No le funcionarán automáticamente. No tema adaptarse a ellos. Son extraídos de una variedad de fuentes y personas que han logrado algún grado de éxito en cambiar la conciencia para leer vibraciones e impresiones. Le ayudarán a mejorar sus capacidades perceptivas e intuitivas en general. Especialmente, agudizarán su tacto psíquico.

Habrá días malos. A veces encontrará difícil lograr un estado alterado. Tendrá más éxito con algunos ejercicios, otros serán más difíciles. En ocasiones las respuestas serán lentas, por eso no debe rendirse rápidamente.

La clave es la persistencia. Trate de fijar una hora para la práctica concentrada. Otras oportunidades que surjan a lo largo del día o la semana serán un empuje adicional en lo que está desarrollando. Con la práctica, todas las personas lograrán cierto éxito, después de sólo unos intentos. Eso será suficiente para que continúe desarrollando la capacidad.

Haga corta su práctica. Realice un ejercicio varias veces, y si no está funcionando, pase a otro. Tal vez el ejercicio no tiene buenos criterios para que usted determine su éxito. Permanecer mucho tiempo con un ejercicio crea frustración y duda. Y recuerde que las dudas son perjudiciales. Si las cosas no fluyen, siga con otro ejercicio o inténtelo otro día.

Ejercicios

XI: Preparaciones iniciales

La actitud es lo más importante. Espere el éxito. Tenga en cuenta que está aprendiendo algo nuevo. Cuando empezamos a leer, tuvimos que aprender el alfabeto y desarrollar un vocabulario. Con el desarrollo de la psicometría pasa lo mismo.

Ponga en orden su mente. Libere las trivialidades del día. Relájese el tiempo suficiente. Entre más relajado esté, más fácil será el acceso a la mente subconsciente.

No coma en la hora anterior a la hora programada para practicar la psicometría —o al menos seis horas antes si suele comer mucho—. Entre más ligero esté, más energía tendrá para la práctica psicométrica. La digestión requiere más energía que cualquier otra función corporal. Si no ha estado comiendo, el subconsciente está totalmente libre para enfocarse en lo que usted desea.

Lave sus manos o límpielas con un trapo antes de coger los objetos de la práctica. Esto las limpia de residuos de objetos tocados previamente.

Algunos prefieren desarrollar la psicometría con las manos mojadas. Es un estilo mapache. Los mapaches han tenido la reputación de lavar su comida antes de ingerirla. En realidad, mojan sus manos para aumentar la sensibilidad en ellas y facilitar la manipulación de la comida. Experimente con lo anterior.

De hecho, el agua estimula la sensibilidad de las manos y los chakras dentro de ellas. Es un buen conductor de electricidad, y esto facilita recibir las impresiones cargadas en el objeto. Al menos, usted debería tener un trapo mojado para emplearlo en sus prácticas.

XII: Tacto

Algunos aceites y fragancias son buenos para estimular los chakras en las manos y dedos, haciéndolos más sensibles a lo que tocan. También incitan estados alterados de conciencia, y esto hace más fácil tener acceso al subconsciente. La mayoría de aceites esenciales son muy fuertes, y todo lo que se requiere es usar una gota en un pequeño tazón de agua o en la palma de la mano. De nuevo, experimente. Los siguientes aceites son generalmente buenos para usar en psicometría:

- Aceite de eucalipto: Este fuerte aceite curativo tiene aplicaciones maravillosas para mejorar las capacidades psicométricas. Penetra y tranquiliza, haciendo las percepciones más claras. También nos ayuda a evitar que nos involucremos emocionalmente con las impresiones recibidas del objeto. Frotarlo ligeramente en el área del tercer ojo (frente), facilitará el flujo de percepciones psíquicas. Activa el chakra de la frente. Usualmente hay una sensación cálida. (Si se siente muy caliente, diluya con agua). Es especialmente efectivo al leer impresiones poniendo el objeto(s) sobre la frente. Frotarlo en la palma de la mano y las yemas de los dedos, también activará estos centros energéticos. Cuando son estimulados es más fácil sentir las manos y/o los dedos. Esto puede ser usado no sólo para psicometría, también para diversas formas de curación a través del tacto.

• Gardenia: Es un aceite muy protector y una fragancia estabilizadora de las emociones. Es fragante y a menudo lo recomiendo a quienes trabajan en el campo de la salud mental. Evita que queden atados a las situaciones y emociones, y ayuda a que la persona mantenga una distancia objetiva. He encontrado que es útil para quienes empiezan a desarrollar el tacto psíquico. Uno de los problemas que a veces se presentan al desarrollar las capacidades psicométricas, es que la persona empieza a "conectarse" con y todo lo que toca. Esto sucede con mayor frecuencia en individuos que tienen una tendencia natural a las respuestas empáticas. Esto será visto con más detalle en el capítulo 6. Puede ser bueno empapar el paño de limpieza en agua con aceite de gardenia. Esto evita que queden residuos emocionales del objeto que afectarían al psicometrista. También es bueno tener un tazón de agua con aceite de gardenia. Meta las manos en el líquido antes de cada lectura del objeto. Esto lo ayudará a leerlo sin quedar afectado emocionalmente por las impresiones recibidas.

• Madreselva: Esta fragancia es lo que en el pasado se conocía como "aceite de atracción". Agudiza la intuición. Frotándolo en la palma de la mano, aumenta nuestra capacidad de leer impresiones de personas con quienes estrechamos la mano. Más importante aún, frotándolo ligeramente bajo los ojos y en la frente, aumenta la sensibilidad de la cara. Esto es especialmente efectivo para quienes se les facilita más captar impresiones a través del contacto facial. Hacer un lavado facial con aceite de madreselva es bueno para quienes practican la psicometría a través de las mejillas y la frente. Agregue una gota de aceite a un tazón con agua y revuelva. Usando las manos limpias, salpique suavemente la mezcla sobre la cara. Puede secarse ligeramente o dejar que la cara se seque sola. No necesita hacer esto entre cada lectura. Los efectos del lavado durarán.

- Salvia: Este es un aceite general, todo propósito, con muchas propiedades maravillosas. Limpia, protege y estimula sensibilidades superiores. Las inspiraciones y percepciones espirituales fluyen más claramente a la mente consciente. También es bueno para estimular formas apropiadas de expresar nuestras impresiones. En la psicometría, es especialmente beneficioso para quienes leen objetos a través del plexo solar. Simplemente frote esta área con una o dos gotas de aceite. Coloque o sostenga el objeto junto al plexo solar. (Esto no necesita ser hecho sobre la piel. Las impresiones serán recibidas a través de la ropa).

Recuerde que la mayoría de aceites esenciales son fuertes y pueden ser irritantes para la piel. Dilúyalos, en lugar de usarlos directamente sobre la superficie cutánea.

XIII: Activar las manos

En el capítulo 2 mencionamos brevemente el sistema de chakras humano. Una forma de concebirlo es viendo los chakras como extensiones de la mente subconsciente, que tiene muchos niveles. Diferentes niveles del subconsciente controlan distintas funciones fisiológicas y otras expresiones energéticas del cuerpo, la mente y el espíritu.

Por ejemplo, el chakra del plexo solar está unido al nivel del subconsciente que controla la digestión, la asimilación de nutrientes e incluso la actividad del cerebro izquierdo. Este nivel de la mente subconsciente también interviene en las respuestas empáticas y emocionales además de las capacidades clairsentientes.

Aunque el subconsciente implica actividad mental, se reflejará más a través de puntos específicos del cuerpo. Estos puntos son localizados donde hay un mayor grado de emanaciones electromagnéticas. Masajear o estimular de otras formas esos puntos del cuerpo, son medios para activar niveles específicos de la mente subconsciente.[9]

En las palmas de las manos y en las yemas de los dedos hay chakras o centros energéticos. Los meridianos y canales de energía también circulan por todo el cuerpo. La mayoría de los meridianos principales terminan en las yemas de los dedos. Debido a esto, las manos pueden ser usadas para sentir y/o proyectar energía sutil.

Periódicamente, cuando hago análisis del aura para personas, encuentro individuos que tienen espirales suaves de energía que se emanan de las yemas de los dedos. A veces toda la mano está rodeada de energía vibrante. Veo esto con

---

9. Para entender mejor la función de los chakras y sus conexiones con el subconsciente, junto con formas de estimularlos y activarlos más eficazmente, consulte mi anterior trabajo: *The Healer's Manual: A Beginner's Guide to Vibrational Therapies*, Editorial Llewellyn.

mayor frecuencia en masajistas, terapeutas físicos, enferme-ras, artistas y quienes usan las manos regularmente en algún tipo de proceso creativo o curativo.

Estimulando y activando estos chakras, nos volvemos más receptivos a las impresiones en objetos. Es más fácil sentir las huellas energéticas del dueño del objeto.

Frotar las manos es la forma más simple y rápida de activar los chakras en las palmas. Frótelas rápida y fuertemente de 15 a 30 segundos. Para activar los chakras en las yemas de los dedos, junte las yemas de cada mano y frótelas durante 1 minuto. (Frotar las yemas de los dedos también estimula todos los meridianos/canales energéticos del cuerpo. Esto es muy saludable para el cuerpo y ayuda a equilibrarlo).

Esta frotación aumenta la sensibilidad. Podemos recordar viejas películas en las cuales los ladrones de bancos frotaban las yemas de los dedos en la palma de una mano o incluso sobre papel de lija antes de tratar de probar la combinación de la caja fuerte. Esto estimulaba y agudizaba el sentido del tacto. Con este ejercicio mejoramos dicho sentido para per-cibir las impresiones de un objeto.

Para probar si los chakras han sido activados, extienda las manos frente a usted después de haberlas frotado fuerte y rápi-damente. Téngalas separadas entre sí aproximadamente un pie. Lentamente acerque las palmas. Acérquelas lo más que pueda sin que se toquen. Luego sepárelas cerca de seis pulga-das y repita estos movimientos de manera lenta y regular.

Durante esta prueba, ponga atención a lo que percibe o siente. Podría sentir calor o frío, o una sensación de presión. Parecerá que el espacio se torna más denso entre las manos.

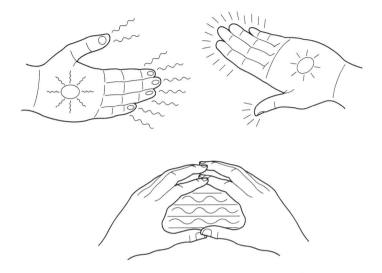

Figura 12:
Chakras en las manos

Ahora puede sentir el espacio más que antes.

Experimente con la siguiente estimulación:

1. Revuelva una baraja común.

2. Frote las manos entre sí fuerte y rápidamente.

3. Tome la carta de encima y póngala boca abajo entre las palmas de sus manos.

4. Tome una respiración profunda, relájese y trate de sentir si es una carta negra o roja. Siga su primera impresión. Tenga en cuenta que un acierto en cinco intentos es suerte; un porcentaje de aciertos mayor indica que usted ha pasado a un nivel más alto de percepción.

5. Si resulta bueno para esto, ponga la carta en una caja pequeña. Tome la caja con sus manos y trate de determinar el color de la carta.

Esta activación a través de la frotación fuerte debe ser hecha antes de cualquier lectura psicométrica. Aumentará su sensibilidad general y su precisión a través del tacto. Le permitirá experimentar más claramente las impresiones energéticas de objetos y personas.

XIV: Agudización del sentido del tacto

Incluso con los chakras de las manos estimulados y activos, puede ser difícil para algunos percibir las impresiones en objetos o personas. Hay cosas simples que podemos hacer para mejorar nuestras capacidades psicométricas.

En general, la percepción extrasensorial es mayor cuando los estímulos sensorios ordinarios son bloqueados. A falta de un sentido, los otros se agudizan. Anteriormente mencioné la gran capacidad perceptiva de un amigo ciego. Esto es común. El uso extraordinario de los sentidos es comúnmente encontrado en quienes están privados de un sentido. Los ciegos adquieren una mayor capacidad auditiva. Quienes tienen problemas de audición pueden agudizar el sentido del tacto.

Podemos imitar esto, y hacer que el cuerpo tenga percepciones sensoriales más profundas. Muchos psíquicos y clarividentes "leen" una persona u objeto con los ojos cerrados. Yo también lo hago. Para mí, esto intensifica las respuestas que recibo en otros niveles, y también impide que use las propias respuestas del cliente como pista del tipo de información psíquica y su dirección. Es menos probable que detecte el lenguaje corporal y/o las expresiones faciales de la persona.

El acercamiento y separación de las manos activa los chakras en las palmas. Esto las vuelve más sensibles al tacto, haciendo más perceptible el espacio entre ellas e incluso los objetos que contengan.

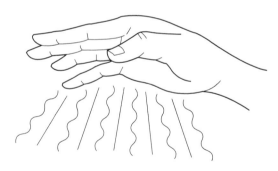

Con la práctica, podemos desarrollar la sensibilidad y un control que puede eliminar la necesidad de coger el objeto. Podemos tener percepciones con sólo sostener la mano encima de él.

Figura 13:
Activación de los chakras de las manos

Ensaye el experimento de lectura de cartas del ejercicio anterior con los ojos cerrados o vendados. Compare los resultados de esto con los resultados originales. Ponga tapones de algodón en sus oídos y use también una venda mientras desarrolla el experimento de las cartas. Compare otra vez los resultados. Luego siga con otros objetos. Descubrirá que, al menos, practicar la psicometría en objetos con los ojos cerrados elimina las distracciones visuales y aumenta su concentración.

XV: Veinte preguntas

Todos experimentamos las percepciones psicométricas un poco diferente. Algunos pueden tener sensaciones vagas e indefinidas, mientras otros ven pasar por la mente escenarios detallados. Su forma de percibir no es mejor ni peor que la de alguien más; simplemente es la suya.

Cuando estoy enseñando el desarrollo de las capacidades psíquicas, a menudo encuentro individuos que se desaniman porque no están "viendo" imágenes y cosas similares. Suponen erróneamente que debido a que no están viendo nada, no son psíquicos o no tienen capacidades de percepción superiores. Si usted cae en esta categoría, no se desanime.

La mente subconsciente está registrando percepciones, pero el puente entre ella y su mente consciente tal vez no ha sido establecido completamente. En tales casos, use el método de las "veinte preguntas" para generar respuestas.

1. Empiece realizando un ejercicio de relajación.

2. Frótese las manos para activar los chakras.

3. Tome el objeto que va a ser examinado.

4. Examínelo detalladamente y luego cierre los ojos.

5. Muévalo en sus manos. Pase los dedos sobre él. Póngalo sobre el plexo solar o la frente.

6. No se preocupe si no llegan a la mente imágenes o impresiones. Pueden ser lentas o tal vez se están registrando en otras formas. Aquí es donde entran en juego las preguntas. Hágase mentalmente preguntas sencillas del objeto y su dueño. Es bueno formularlas para respuestas de "sí" o "no". Confíe en lo que surge en su mente. Estos son algunos ejemplos de preguntas: ¿el dueño es hombre o mujer? ¿Cuál es la disposición general de esta persona? ¿Hay un asunto importante en la vida de esta persona? ¿Es la familia? ¿Un asunto comercial? ¿Personal? ¿Hay un color significativo para esta persona? (Recuerde que puede no ver el color, pero sí pensarlo o sentirlo. Revele lo que piense en el momento). ¿Hay algo especial en este objeto? ¿Es algo único? ¿Es significativo para su dueño? ¿En este momento hay una persona que es importante para el dueño del objeto? Si es así, ¿hay un nombre? ¿Una inicial?

7. Estos tipos de preguntas son esenciales. Recuerde que puede no ver u oír la respuesta, sólo pensarla. Por ejemplo, si hubiera un color importante para la persona, ¿cuál cree que sería? Luego revele lo que llegue a su mente. Revele sus primeras impresiones. No vacile ni trate de explicarlas inicialmente. A medida que desarrolle sus capacidades, descubrirá que puede hacerlo. En principio, es importante crear el puente entre el subconsciente y el consciente. Mientras empieza a revelar

lo que piensa o las impresiones recibidas, el puente se hace más fuerte y firme. Las respuestas serán más claras.

8. Exprese sus respuestas e impresiones con confianza. Cuando use el método de las preguntas para obtener información, exprese las respuestas de tal forma que incluya la pregunta. Por ejemplo, si mentalmente pregunta acerca de un color, y el azul llega a su mente, sólo diga, "veo (siento, tengo la impresión de . . .) el color azul. Para mí esto indica _____ acerca de esta persona y/o objeto".

9. Recuerde, a veces todo lo que se requiere es expresar en voz alta las impresiones. Expresando con fuerza las impresiones, pensamientos, imágenes, etc. acerca del objeto, pasamos del subconsciente al consciente. Tomamos las impresiones del plano mental y etéreo de la mente subconsciente, y les damos expresión física.

10. A menudo, expresando las impresiones es que se hace claro el significado de las mismas. Con frecuencia nuestros sueños no tienen sentido hasta que hablamos de ellos o los registramos. En la psicometría, describir el objeto y las impresiones recibidas ayuda en el mismo propósito, estimula el entendimiento y la clarificación.

Capítulo 5

Promover el desarrollo psíquico

L a psicometría es una de las capacidades psíquicas más fáciles de desarrollar. Tiene muchas aplicaciones. Puede ser usada para evaluar personas y nuestra potencial compatibilidad con ellas, para localizar objetos perdidos y personas desaparecidas, y detectar y examinar desequilibrios energéticos en el cuerpo, la mente y el espíritu. Veremos algunas de estas aplicaciones en el presente capítulo, y otras serán exploradas posteriormente a lo largo del libro.

La psicometría es una facultad psíquica que nos permite confirmar nuestras impresiones más fácilmente que con otros métodos. Su desarrollo nos enseña a aceptar las sensaciones en todos los niveles.

Sin embargo, como pasa con cualquier capacidad psíquica, hay cosas que se deben tener en cuenta al desarrollar la psicometría. El desarrollo de esta facultad no nos califica para ser consejeros psíquicos profesionales, así como tener licencia de conducción no nos convierte en pilotos de carreras de fórmula 1. Este capítulo es para quienes desean mejorar sus capacidades y tal vez empezar a explorar las posibilidades de usarlas para ayudar a otras personas. Al final del capítulo hay ejercicios más complejos para perfeccionar tales capacidades. Las siguientes notas le ayudarán a desarrollar sus sensibilidades superiores para este propósito. Serán explicadas más detalladamente en el capítulo 7.

Desarrolle una actitud adecuada. Su actitud personal hacia las realidades de la energía psíquica y la conciencia superior juegan un papel crítico. Los obstáculos que impiden su total aceptación, a veces pueden ser sutiles.

La capacidad psíquica no es un don raro dado por la naturaleza o lo Divino a ciertos individuos. Es una capacidad natural, innata en cada ser humano. Todos tenemos el mismo potencial. Tenga cuidado de quienes dicen otra cosa. Es lo mismo que desarrollar cualquier capacidad; se requiere ejercicio, práctica y persistencia.

"Nada en el mundo puede tomar el lugar de la persistencia. Tampoco el talento; nada es más común que personas fracasadas con talento. Tampoco los genios; genios sin reconocimiento es casi un refrán. Tampoco la educación; el mundo está lleno de educados sin rumbo. La persistencia y la resolución son omnipotentes".[10]

Lo más decisivo es la disposición de la persona. Aprender todo lo posible sobre la mente y la conciencia humana, es importante para el desarrollo y la expresión equilibrada de nuestras capacidades psíquicas. Pero más importante es creer

---

10. **Regardie, Israel:** *The Complete Golden Dawn System of Magic.* Falcon Press; Phoenix, Arizona, 1984.

que podemos desarrollar el potencial psíquico. Nos convertimos en lo que pensamos. Cambiando nuestros conceptos podemos transformar el mundo.

Un psíquico auténtico y calificado es aquel que sacó tiempo para desarrollar, revelar estabilizar y mantener el control de sus energías psíquicas. Esto requiere disciplina, tiempo y práctica. Esta capacidad debe ser perfeccionada como cualquier otra facultad de la mente o habilidad del cuerpo.

No haga caso a viejos mitos acerca del plano psíquico. Hay muchos mitos antiguos sobre el desarrollo psíquico que impiden o bloquean el desenvolvimiento personal. Es importante reconocerlos y dejarlos atrás. En la mayoría de casos, simplemente se requiere examinar esto desde la perspectiva del sentido común.

Una de las influencias más sutiles de nuestra capacidad o incapacidad de desarrollar el potencial psíquico, es nuestra percepción religiosa o espiritual. Para muchos, cualquier cosa que tenga que ver con lo psíquico tiene reflejos del mal. Por otro lado, muchos creen que sólo una persona realmente espiritual puede desarrollar esta capacidad.

Ninguna de estas percepciones es cierta. Las facultades psíquicas no son sobrenaturales. Desafortunadamente, un gran número de personas enfoca el desarrollo psíquico como un reflejo de espiritualidad o algo sobrenatural. Esta clase de percepción crea adoración de ídolos y pone a otros sobre pedestales. O si somos psíquicos, nos ubica en una posición que no podremos sustentar.

La energía psíquica es neutra. No es en sí mala ni buena. La capacidad está inherente en todos nosotros. Su nivel de bondad o maldad es determinado por la forma en que la usemos y expresemos. La moralidad y espiritualidad no siempre van de la mano con la capacidad psíquica. Una persona fuerte físicamente no significa que es mala o buena. Si esa fuerza es expresada a través de intimidación y agresión negativa, entonces podemos determinar su grado de "maldad". Lo mismo se aplica en la expresión psíquica.

Otro mito es que la capacidad debe haber sido desarrollada en una vida pasada para poder ser efectivos en esta existencia. A menudo oigo personas que afirman que recibieron este don de vidas pasadas.

Este tipo de afirmación expone un concepto erróneo. Sin reparar en el grado de desarrollo en una vida pasada, las cualidades y capacidades deben aún ser perfeccionadas y expresadas de nuevo en esta vida. Sí, puede haber prodigios ocasionales, pero la mayoría de nosotros tenemos poco contacto con ellos, e incluso sus capacidades deben ser orientadas y controladas. Si aprendimos a leer en una vida anterior, aún tenemos que aprender a leer en la presente. Lo mismo se aplica al desarrollo psíquico.

Usualmente, quienes afirman que sus capacidades provienen de vidas anteriores, tratan de mostrarse como seres únicos con dones especiales. Lo mismo pasa con los que atribuyen sus capacidades a algún accidente físico, como a menudo se ve en libros y películas. De nuevo, esto hace que parezcan individuos poco comunes, con habilidades únicas, algo que una persona normal no puede desarrollar.

Aunque hay algunos casos de tales fenómenos, debemos ser cautelosos con quienes afirman experimentarlos. Estos fenómenos casi siempre son de naturaleza atávica. La persona por lo general no puede controlar la intensidad de la experiencia ni el tiempo y la forma de expresión.

El trauma que desencadena expresiones espontáneas de energía psíquica, también afecta al individuo en otros niveles de su ser. Aunque puede no reflejar esto de inmediato, usualmente sucede dentro de tres a siete años. Y nunca califica al individuo como psíquico profesional ni lo posiciona como una autoridad en este campo.

El control de las capacidades es esencial. En el desarrollo de la psicometría, o cualquier otra capacidad, siempre debe haber control. Éste se genera al desarrollar la atención enfocada y la concentración. Idealmente, deberíamos activar nuestras capacidades psíquicas a voluntad. También es necesario que apliquemos la observación y atención dirigida a las impresiones que recibimos. Un buen psíquico no es un soñador sin límites ni utópico. Este tipo de concentración es necesaria para tener éxito en cualquier área de la vida.

La información psíquica, tal como la que se deriva a través de la psicometría, debe ser procesada con rapidez. Tiene que ser registrada en la mente consciente y transmitida. Esto significa que la mente consciente debe seleccionar y discernir las impresiones, a fin de que queden en una secuencia que sea comprensible para el individuo.

La mayoría de las personas tienen puntos ciegos, pero con la observación apropiada muchos de ellos pueden ser eliminados o disminuidos. Todas las impresiones deben ser reconocidas, registradas y transmitidas a la persona. Si esto no es hecho rápida —o de inmediato— se mezcla con las demás tareas del cerebro que distorsionarán la información. (Por tal razón es mejor recibir las primeras impresiones). La capacidad para hacer todo esto requiere gran control, y sólo se logra con la práctica.

Incluso si la información intuitiva es buena, la presentación de la misma debe ser sólida y equilibrada. Fragmentos revueltos y confusos, en lugar de una serie coherente de afirmaciones, sólo confundirán a la persona. La información psíquica a menudo fluye en bloques de conocimiento. Podemos tener una predisposición psicológica hacia la información, que coloreará nuestra presentación de ella. Un discernimiento imperfecto y una mala selección de la información intuitiva usualmente se debe a la falta de control mental e intuitivo.

Construya un apropiado código de comportamiento para usar sus capacidades. Este código de comportamiento, su adecuada expresión y aplicación en la vida cotidiana, es una parte esencial del control. Muchos psíquicos creen que no hay problema en conectarse con la energía de otras personas sin permiso. Esto es similar a abrir el correo de alguien sin su consentimiento. Es un acto descontrolado; es irrespetuoso para la otra persona.

Personalmente no apruebo a quienes hacen esto, ya que soy un firme partidario de la ley de privacidad. Tomo a mal a aquellos que tratan de entrometerse en mi vida privada, y por eso tengo el cuidado de no hacer lo mismo con los demás.

Incluso si por casualidad capto cosas íntimas de alguien, no las divulgo. Esto puede hacer que la persona se ponga nerviosa, y por eso hay que estar seguro de cómo responderá a la información antes de revelarla.

Hago excepciones cuando se trata de asuntos de salud y seguridad. Soy muy consciente de las posibles repercusiones cuando decido hacerlo. Si todo sale bien, maravilloso; en caso contrario, estoy dispuesto a sufrir las consecuencias de mis acciones.

En tales casos, tengo cuidado de presentar la información de una manera no amenazante. Esto es parte del control. La información e impresiones psíquicas deben revelarse de tal forma que sean beneficiosas y edificantes. Incluso las impresiones negativas pueden ser comunicadas a la persona de un modo que muestre posibilidades ocultas de crecimiento.

Para hacer esto, es necesario tener algunas habilidades básicas y una verdadera preparación en técnicas de consejería. Este debería ser un requisito básico para quien se establezca como consejero psíquico público. Es muy fácil influenciar inadvertidamente a una persona de manera inapropiada.

Cuando un consultante acuda a usted por información psíquica, a través de la psicometría u otro medio, debe estar preparado para todas las posibilidades. En las lecturas y consultas psíquicas, e incluso en situaciones de enseñanza, las personas adoptan una posición receptiva y a menudo vulnerable. Debido a esto, son influenciadas más fácilmente por lo que les dicen, por eso es necesario tener cautela y preparación.

Prepárese y entrénese en consejería. Intervenga en cursos universitarios. Ofrézcase de voluntario en líneas de ayuda. Asista a algunas clases nocturnas, que no necesariamente lo convertirán en un terapeuta o consejero competente, pero le enseñarán técnicas prácticas para manejar ciertas situaciones y comunicarse eficazmente con diferentes tipos de personas. Varias de ellas son presentadas en el capítulo 7 de este libro.

La mayoría de personas que acuden a psíquicos pueden ser ubicadas en dos categorías. Buscan soluciones rápidas y sin esfuerzo —que incluyen permitir que el psíquico les diga cómo vivir mejor en la vida—, o una guía intuitiva y creativa además de parámetros para manejar las situaciones de sus vidas. Buscan posibles direcciones. En cualquier caso, la preparación en consejería es buena y nos hace más efectivos al ayudar a que las personas se fortalezcan.

La mayoría de trabajos psíquicos giran alrededor de tres asuntos: salud, dinero/trabajo y amor. Muchas personas acuden a los psíquicos buscando respuestas y soluciones fáciles. La vida no funciona de esa manera. Con frecuencia lo que necesitan las personas no es información psíquica, sino sentido común, una nueva perspectiva o percepción que les revele opciones más creativas. El papel del consejero psíquico no es dirigir la vida de sus clientes. La función del psíquico no es decirle a la persona qué hacer, sino ayudarla a tomar un mayor control sobre su propio camino de vida.

El consejero psíquico debe suministrar información y opciones, mostrar lo que probablemente sucederá si se siguen determinadas direcciones. De esta manera la persona puede tomar su propia decisión. La responsabilidad de su vida es puesta en sus manos. Al final es más curativo y edificante para el cliente, lo habilita a actuar por sí mismo.

Muchos llegan con problemas graves. En tales casos es perjudicial suministrarles información psíquica en lugar de ayudarlos integralmente. Con frecuencia esto mantiene a la persona dependiente del psíquico.

Hace varios años participé en un seminario de metafísica en la cual fui orador. También hice cortas lecturas psíquicas a manera de difusión. Mis dos primeras lecturas en el segundo día fueron intensas. La primera mujer estaba sufriendo una gran crisis en su vida y tendía al suicidio. La segunda lectura fue con una mujer cuyo marido, con quien estaba casada desde hace un año, la había dejado porque su ex esposa había muerto recientemente y él se culpaba a sí mismo y a su nueva pareja.

Como era de esperarse, en quince minutos no hay forma de resolver estas situaciones —ni debería ser hecho el intento—. Tampoco era el momento para presentar información psíquica. Las dos personas necesitaban hablar con terapeutas calificados. Mis esfuerzos se enfocaron en tratar de calmarlas y dirigirlas a agencias o profesionales con una mejor posición para ayudarlas.

Estas son situaciones comunes. Por eso la preparación en el manejo de crisis es esencial para cualquier psíquico profesional. Una de las cosas que suelo hacer cuando incursiono en una nueva área, es buscar y escribir los números telefónicos de agencias de servicios sociales para abarcar todas las posibilidades.

Nuestra impresión intuitiva puede desarrollarse a profundidad, pero también debemos saber cómo presentar la información de tal manera que el cliente pueda usarla. Tenga en cuenta que la mayoría de personas que acuden a un psíquico tienen problemas reales —no sólo lo hacen buscando impresiones psíquicas—. El psíquico debe ser a la vez un buen consejero.

Sugerencias especiales

Habrá ocasiones en que es más eficaz que en otras. Obsérvelas mientras practica los ejercicios de este libro. ¿Corresponden a ciertas fases de la Luna? ¿A determinadas horas del día?

Asegúrese de estar en buen estado físico cuando haga su trabajo psíquico. Si se siente mal, será más difícil concentrarse.

No trate de darle significado a todo de inmediato. Empiece describiendo sus impresiones y siga adelante. El significado se aclarará mientras habla.

No haga demasiadas preguntas a las personas. Ellos han acudido a usted por respuestas. Demasiadas preguntas no sólo harán que duden de sus capacidades, también envían el mensaje al subconsciente de que usted está inseguro.

Siempre termine la sesión con claridad. Esto es importante si se siente mal o las impresiones son muy intensas.

Establezca su propio ritual, algo físico que refleje esta conclusión. Devuelva el objeto al dueño. Luego envíe un mensaje mental a su subconsciente, comunicándole que terminó la sesión. Límpiese sus manos con una toalla. Haga una actividad física. Coma algo ligero. El subconsciente y las energías del cuerpo se enfocarán en la digestión.

Un buen psíquico es . . .

- Un buen consejero psíquico puede sintonizarse con la persona y/o situación.

- Un buen consejero psíquico es aquel que, mientras establece la conexión, percibe cómo responderá la persona a la información. Esta información puede luego ser expresada de una manera productiva, más receptiva y no amenazante.

- Un buen consejero psíquico siempre expresará la información de tal forma que sea entendida por la persona.

- Un buen consejero psíquico brinda información, nuevas posibilidades y opciones o direcciones favorables respecto a la situación.

- Un buen consejero psíquico hará todo esto sin interferir en el libre albedrío del cliente.

Ejercicios

XVI: Mejorar la concentración y el enfoque

Una de las facultades más difíciles de desarrollar para muchos es la concentración y el enfoque. Hay tantas distracciones en la ocupada vida que llevamos, que nuestra mente a menudo parece estar dispersa. Desarrollando la atención enfocada, tendremos más éxito en todos los aspectos de la vida —no sólo en el psíquico—.

La concentración es el arte de retener la imagen que hemos creado o dejado emerger en la mente sin que ésta se distraiga en otras cosas. Hay que desarrollar un enfoque concentrado que sea lo suficientemente fuerte para retener una imagen con exclusión de todas las demás.

Ejercicios como los siguientes pueden ser practicados regularmente y ayudan a desarrollar y fortalecer esta capacidad en nosotros. Empiece haciendo una relajación progresiva. Entre más relajado esté, más fácil será concentrarse.

1. Cierre los ojos y forme una imagen mental. Ésta debe ser tan clara como algo físico. Hágala lo más viva posible. Dele color, fragancia, textura —todas las características físicas que tendría en la vida real—. Un ejercicio sencillo es visualizar una naranja. Vea mentalmente su forma, tamaño y color. Sienta la piel sobre ella. ¿Cómo se siente cuando mete el dedo en ella y empieza a pelarla? Perciba la fragancia mientras el jugo sale a chorros. Luego forme en la mente también la imagen y experiencia de su sabor.

Después haga esto con otras frutas y objetos. Cada uno tiene su propia experiencia, y forzará la mente a concentrarse. Sólo toma varios minutos desarrollar tales ejercicios, que son muy buenos para estimular el subconsciente y nuestra capacidad de enfocarnos en él. Esto fortalece nuestra concentración.

Retenga la imagen en la mente un tiempo razonable. Al comienzo trate de hacerlo durante tres minutos. Si encuentra que es muy difícil, reduzca el tiempo. Si es muy fácil, aumente la duración gradualmente.

Cuando domine más el ejercicio, puede hacerlo en diferentes sitios y con los ojos abiertos. Empiece donde no haya distracciones. Luego intente concentrarse únicamente en la imagen cuando haya más personas presentes. Hágalo en teatros, mientras espera en la fila, durante el almuerzo. Mientras practica este ejercicio descubrirá que puede aplicar el enfoque concentrado con mayor facilidad y menos distracciones en la mayoría de lugares.

2. El conteo es otro ejercicio sencillo pero progresivamente efectivo para desarrollar la concentración enfocada. Es un ejercicio que uso con frecuencia cuando doy clases de desarrollo psíquico. Como siempre, empiece relajándose y cerrando los ojos. Al comienzo, puede tener a alguien que haga el conteo, o puede hacerlo usted mismo.

Cuente lentamente hasta 10. Concéntrese en cada número hasta que el siguiente sea pronunciado. Visualícelo y entónelo en su mente. Enfóquese sólo en el número.

Si es parte de un grupo de meditación o desarrollo, alterne las personas que cuentan hasta 10 ó 20. Cuando usted o alguien más del grupo hace el conteo, varía el ritmo. Hágalo irregularmente con diferentes ritmos y velocidades. De este modo, evitará la anticipación en el cambio de enfoque, y la concentración es profundizada.

Ponga atención a sus procesos de pensamientos mientras hace el conteo. ¿Su mente divaga? Si se presentan pensamientos tales como "oh, esto no es tan difícil", entonces necesita trabajar en su concentración. Con el tiempo debería tener la capacidad de contar hasta 100 con poca o ninguna distracción o divagación de la mente.

XVII: Aumentar la sensibilidad de las manos

Las manos y los dedos son nuestras herramientas para tocar, acariciar y manejar las experiencias de la vida. Usamos las manos para dar y recibir, atraer y rechazar, agarrar o apartar. Pueden ser levantadas en bendición o por ira. En el simbolismo tradicional, la posición de la mano era lo significativo. Cada dedo tenía su significado, personal y astrológico. Nuestras manos son instrumentos maravillosos. Con ellas podemos tocar a otras personas y transmitir el amor de nuestro corazón, y aprendemos a liberar lo que sabemos que ya no es bueno para nosotros.

Hay muchas formas de aumentar la sensibilidad general de las manos. Una de las más prácticas y fáciles es por medio de masajes y reflexología.

En las manos hay puntos que están conectados con cada parte del cuerpo. La medicina oriental enseña la existencia de los meridianos o canales energéticos. La mayoría de meridianos principales terminan en las yemas de los dedos. De este modo, masajeando y trabajando sólo con los dedos, podemos estimular los principales patrones energéticos del cuerpo. Esto puede ser usado para mejorar la salud y aumentar las sensibilidades psíquicas.

La reflexología es la teoría que afirma que una parte del cuerpo es un reflejo o mapa de todo el cuerpo. En la medicina china, las manos, pies y oídos son puntos de reflexología dinámicos —tienen conexiones con cada parte del cuerpo—. Un punto doloroso en la mano o el pie usualmente indica un problema en otra área.

La reflexología es el uso de la acupresión o masaje sobre ciertas partes de las manos para estimular otras áreas del cuerpo. Este tipo de masaje es una herramienta dinámica para reducir el estrés y aliviar el dolor. Por ejemplo, masajeando un punto sensible en la mano, aliviamos o incluso curamos un problema en un órgano interno.

Este libro no puede explorar los detalles de la reflexología y la medicina china. Hay muchas publicaciones sobre el tema disponibles actualmente. Incluso puede consultar mi libro *The Healer's Manual*, que tiene una buena introducción sobre los principales meridianos del cuerpo.

Haga masajes sencillos en las manos regularmente. Puede decirle a alguien que lo haga, o usar una mano para masajear la otra. Incluso podría utilizar un aceite o loción con fragancias que intensifiquen la psicometría. El siguiente método es simple y aumenta la sensibilidad general del tacto.

1. Masajee toda la superficie de la palma arrastrando el dedo pulgar o presionándolo con un movimiento giratorio. Hágalo desde la muñeca hasta los dedos. Mantenga una presión agradable; la idea es estimular sin hacer daño.

2. Usando el pulgar y el índice, masajee cada dedo individualmente. Dele una atención especial a las articulaciones, las yemas de los dedos y el área de la uña.

3. Pase al dorso de la mano. Masajee desde los dedos hasta debajo de la muñeca, y las hendiduras entre los huesos.

XVIII: Sentir la energía colectiva

Este ejercicio es divertido y a la vez beneficioso. Es más efectivo cuando se hace con grupos compatibles. Enseña que las manos no sólo son receptoras de energía, también pueden ser usadas para dirigirla y transmitirla.

Hay muchas variaciones de este ejercicio, así que no tema experimentar. Es más fácil empezar tratando de identificar el objeto cargado con la energía del grupo.

1. El ejercicio se realiza con cuatro o cinco objetos, diferentes o iguales. Si son iguales, debe haber una forma de diferenciarlos. Es bueno usar cuatro o cinco pelotas de distinto color.

2. Cada persona tendrá el turno de sentir, y debe ser separada del grupo mientras éste carga el objeto.

3. El grupo escoge uno de los objetos y lo separa de los otros. La idea es cargarlo con energía pura, de tal forma que pueda ser sentido más intensamente que los demás objetos.

4. Hay varias formas de cargarlo. Una es que cada miembro del grupo coja el objeto elegido y lo ponga en su regazo. Cierre los ojos y empiece una respiración rítmica. Inhale mientras cuenta hasta cuatro, sostenga la respiración a la cuenta de cuatro y exhale con el mismo conteo.

Al inhalar, visualice energía pura y cristalina bajando por la cabeza y, mientras exhala, visualícela fluyendo por sus manos y cuerpo hasta penetrar en el objeto. Vea y sienta que está cargándolo con energía dinámica.

Esto también puede ser hecho en grupo. Simplemente se coloca el objeto en medio del grupo, y entre todos transmiten energía al unísono. Haga esto durante varios minutos.

5. Ponga el objeto en medio de los otros.

6. El miembro del grupo que está fuera de la habitación es invitado a entrar. Luego debe sentir cuál objeto ha sido cargado. Esto puede hacerse cogiendo cada objeto o simplemente poniendo las manos sobre ellos para sentir y determinar cuál tiene la mayor carga.

Monitoree lo que siente con cada objeto. Ponga atención a las sensaciones en el cuerpo además de las manos. Incluso puede poner cada objeto sobre el plexo solar o el área de la frente para ayudar a determinar cuál ha sido cargado.

7. Entre cada sesión, ponga todos los objetos bajo agua corriente o métalos en un tazón con agua salada para drenar la carga, antes de regresarlos a su sitio.

8. Un nuevo objeto es escogido, y otra persona tratará de sentir la carga del grupo. Diviértase con este ejercicio.

XIX: Creación de la cámara sagrada del tacto

La meditación es una maravillosa herramienta para aumentar nuestra sensibilidad general. Hay muchas formas y métodos de meditación; ninguno es mejor o peor que otro. Sin embargo, algunos son más efectivos para propósitos específicos.

La mayoría de técnicas efectivas de meditación —incluso para el desarrollo de la psicometría— son simples. Dependen de capacidades que pueden ser desarrolladas y usadas por cualquiera si se invierte tiempo y esfuerzo. Todos tenemos el potencial de lograr resultados casi inmediatamente.

Algunas meditaciones son pasivas y otras activas. La meditación pasiva enseña a aquietar la mente y el cuerpo, y a dejar que las imágenes e impresiones surjan de la manera que el subconsciente elija. De forma más activa, usamos la imaginación creativa para enviar el mensaje al subconsciente de que sólo queremos imágenes e impresiones intuitivas específicas —determinadas por nuestro propósito—.

Todos los símbolos, imágenes e ideas están ligados a una energía arquetípica en el universo. La mente subconsciente controla el flujo de todas las fuerzas arquetípicas en nuestra vida. A nivel meditativo, el contacto con la energía arquetípica estimula visiones, impresiones, sensaciones y percepciones intuitivas. Si meditamos en ideas e imágenes de buena salud, las fuerzas arquetípicas son liberadas más dinámicamente en nuestra vida.

Para lograr lo anterior a cualquier nivel, es necesario utilizar la imaginación creativa. Los símbolos, imágenes e ideas que creamos y usamos transmiten un mensaje al subconsciente para que libere todas las energías e impresiones asociadas con la imagen.

Esta es la clave para activamente tener acceso a nuestras energías más intuitivas y usarlas. Creamos imágenes y escenas en la mente asociadas con nuestro propósito. Estas imágenes creadas deben tomar una forma tridimensional. A menudo son como un sueño de vigilia concentrado —o incluso un sueño real—.

Con la imaginación creativa en la meditación, agudizamos las capacidades perceptivas de la mente. Cuando fijamos la mente en una idea o imagen con regularidad, nos desarrollamos como esa idea o imagen. Este es un aspecto activo y creativo de la meditación. Nos convertimos en lo que pensamos.

En un comienzo no es importante o necesario meditar en una amplia variedad de imágenes, símbolos e ideas para activar y perfeccionar nuestras capacidades psicométricas. En lugar de eso, es más importante concentrarnos en un símbolo, imagen o escenario y darle vida en nuestro subconsciente y luego en el alma. Esto a su vez generará una percepción más consciente de todo lo que tocamos.

Sólo se requieren cerca de 10 minutos al día de una apropiada meditación creativa para activar percepciones más profundas. Una vez que inicie esto, no se rinda por pérdida de interés o inconvenientes. Si lo practica a diario durante tres meses, logrará grandes resultados. Luego repita periódicamente el proceso (al menos una vez a la semana otros tres meses) para reforzarlo.

La siguiente meditación está diseñada para aumentar la sensibilidad general al tacto. Crea un espacio en la mente y la conciencia donde podemos entrar y abrirnos a sensibilidades superiores. Es una cámara sagrada de la mente donde tenemos acceso a información sobre todo lo que tocamos y lo que nos toca. Es un lugar en el que siempre estamos protegidos y en control de lo que experimentamos en niveles más sutiles. Debido a que es nuestra cámara sagrada, podemos intensificar o suavizar todo lo que sentimos en el grado que elijamos.

Esta cámara sagrada es un lugar donde las impresiones suprasensibles y la intuición son trasladadas a nuestra mente consciente. Es un lugar de entendimiento superior de las condiciones de la vida, las personas y todas las cosas que tocamos y nos tocan.

Esta meditación abre las puertas. Después que sus imágenes son cargadas en la mente por medio de su práctica diaria, podemos entrar en ella para acceder consciente y dinámicamente a nuestras capacidades psicométricas. Antes de coger el objeto que va a ser examinado, simplemente cierre los ojos y visualícese dentro de esta cámara sagrada. Esto abrirá automáticamente las puertas del nivel de la mente subconsciente que es sensible a las impresiones a través del tacto.

La cámara sagrada es suya. Usted la crea y puede cambiarla. En realidad, descubrirá que cambia y se adapta naturalmente a usted a medida que desarrolle sus capacidades psicométricas. Use la siguiente meditación sólo como una pauta. No se estanque en ella. También puede servir como un poderoso ejercicio de preparación para hacer cualquier trabajo psicométrico extenso. He descubierto que es especialmente efectiva antes de todas las demostraciones de psicometría.

1. Empiece el ejercicio asegurándose que no será interrumpido. Descuelgue el teléfono.

2. Configure el ambiente. Puede usar un incienso o aceite esencial con las fragancias que aumentan la sensibilidad al tacto, como se mencionó anteriormente en el libro. También puede hacer reflexología o masajes en las manos para sensibilizarlas.

3. Cierre los ojos y relájese. Haga una relajación progresiva o respire en forma rítmica. Entre más relajado esté, más fácil será acceder a la mente subconsciente.

4. Ahora visualice el siguiente escenario. Imagine. Hágalo lo más real posible.

   Libere todas sus energías en y alrededor de usted, como si alguien le hubiera puesto un viejo y cómodo edredón sobre sus hombros. En estos momentos está relajado y en paz.

   Dentro de la oscuridad de su mente una escena empieza a formarse. Usted oye el débil sonido del agua —un arroyo de corriente suave que debe estar cerca—. Suenan las aves y puede oler el suave aroma de flores primaverales y heno recién cortado.

   Empieza a sentir el calor del Sol; es suave y tranquilizante. Calienta su cabeza y pecho, y puede sentir los rayos individuales tocando su cuerpo y esparciéndose en él. Se irradia desde el pecho hacia fuera en todas las direcciones. El calor se extiende hasta sus pies y sube hasta la coronilla. Lo energiza y tranquiliza al mismo tiempo. Usted siente esta energía tocando y llenando cada célula de su cuerpo.

Sus ojos aún están cerrados, y levanta su cara y manos hacia el Sol. Empieza a sentir hormigueo en estas partes del cuerpo, como si estuvieran volviendo a la vida. No es agradable, es como cuando la mano se duerme, pero no obstante parecen despertar. Empieza a sentir el aire que lo rodea. Ya no es sólo un espacio vacío, sino materia viva para sus sentidos, y es emocionante.

Ahora abre los ojos y ve frente a usted una hermosa pradera. A lo lejos hay un camino que conduce a esta pradera desde una montaña distante. El camino está bordeado con flores de todos los colores. Al otro lado de la pradera, ve que el camino continúa; conduce a un valle lejano, y en él puede observar su actual hogar.

Comienza a darse cuenta que está en una meseta, una intersección de tiempo y espacio. Es una intersección donde se unen lo físico y lo infinito, un lugar de lo físico y espiritual. Conocer esto es dar libertad a sus sentidos; lo alivia del estrés y la preocupación. Es un lugar seguro donde sólo necesita ser y sentir.

En medio de la pradera hay una gran tienda de campaña. Una suave brisa pasa sobre usted. Cuando toca su cara, hay imágenes de donde esta brisa ha pasado antes. Parece que realmente pudiera sentir los recuerdos de esa brisa.

Ahora observa que está vestido con ropa floja y ancha. Se encuentra descalzo, y bajo sus pies la hierba es suave y exuberante. Puede sentir cada brizna de hierba sobre su piel, e incluso la tierra de la cual crece.

Entra a la tienda de campaña y abre la puerta de seda. Es suave y fría al tacto, y mientras la abre para ver lo que hay adentro, la fragancia interior de olores dulces llena su nariz. Lo hace sentir un poco mareado e infantil, y de inmediato empieza a reír. El embriagante aroma lo atrae al interior de la tienda.

Sus sentidos están vivos. Es como si usted despertara por primera vez. La visión es clara. Los sonidos son suaves y uniformes. Las fragancias son puras. Todo su cuerpo parece haber cobrado vida.

En el fondo suena música suave de una fuente indefinida. Su cuerpo responde a cada tono, como si fuera llevado por el aire hacia usted. Cada tono toca, acaricia y tranquiliza su cuerpo. Cada nota lo toca como una suave gota de lluvia.

El lugar está lleno de almohadas y pesados cojines. Usted se dirige al centro, y con suavidad pasa sus dedos sobre las telas sedosas. Se siente frío al tacto. Sin embargo, cada cojín parece tener vida y energía propia. Algunos parecen invitarlo a sentarse, otros lo incitan a tomar una siesta, y otros estimulan sentimientos sexuales. Nunca se ha sentido tan sensual. Cada parte de su cuerpo responde.

En el centro de ese atrayente lugar hay una mesa sobre la cual hay frutas y panes de diversos tipos. También hay un tazón con agua aromatizada para lavar sus manos. Usted se arrodilla junto a la mesa y mete las manos en el líquido.

Empieza a sentir hormigueo en las manos. Aunque no puede reconocer los aromas oliéndolos, sus manos parecen detectar que en el agua hay madreselva, salvia y sólo una pizca de sándalo. Usted se echa un poco de agua en la cara, y luego la seca con el trapo doblado que está al lado. Mientras lo hace, su mente está llena de imágenes de quienes hicieron la tela y el viaje que requirió para ser parte de esta tienda —que fue hecha especialmente para usted—.

En ese momento nota que está en una cámara sagrada. Es una cámara en la que puede sentir todo lo que desee hasta el grado que quiera. No está seguro de cómo sabe esto, pero lo sabe —con la misma certeza que sabe su propio nombre—.

Con cada momento que pasa en este lugar sagrado, sus sentidos se agudizan y se hacen más claros. Usted cierra los ojos y ve hilos que conectan todo en el universo. Nada está separado. Todas las cosas están unidas. Agudizando los sentidos —aprendiendo a usar esta cámara— puede ver conexiones en todo. Recuerda un viejo axioma: "como es arriba, es abajo; como es abajo, es arriba". Nada está separado, y es en esta cámara sagrada que las conexiones pueden ser experimentadas.

Abre los ojos maravillado por esta inspiración. Para probar esto, coge una naranja de la mesa. Pasa los dedos sobre ella e incluso la coloca en su mejilla. Mientras lo hace, su mente está llena de imágenes de huertos. Ve las casas de los trabajadores cerca, y detalla el exquisito cuidado de los árboles y la recolección. Observa quién tomó esta naranja en particular y cuándo ocurrió. Y sabe que con sólo un poco de esfuerzo, podría conectarse profundamente con cualquiera o cualquier cosa que la tocó.

Ahora la descarga en la mesa, y mira alrededor. Nunca se ha sentido tan conectado con todo. Nunca se había dado cuenta de que siente todo, desde el más leve pensamiento llevado a través del aire, hasta la mayor emoción en un abrazo —todo es experimentado por el cuerpo—. Simplemente se trata de abrirse a él. Si se hace en esta cámara sagrada, el entendimiento llega con la experiencia.

Sabe que éste es un lugar donde puede comprender sus sensaciones y experimentarlas claramente. Aquí puede interpretar y entender todo lo que toca y lo toca a usted. De algún modo sabe que con cada visita aumentará su capacidad de tocar más plenamente, y esto es reconfortante.

Ahora se cubre la cara con las manos, sintiendo nueva energía pulsando en ambas. Aunque esperaba oscuridad con ese gesto, la luz se intensifica. Se ve rodeado y penetrado por luz que lo conecta a todas las cosas del universo. Todo a su alrededor parece estar absorbido en esa luz.

Lentamente quita las manos de su cara, y disminuye la intensidad de la luz. Mientras tanto, se da cuenta de que la tienda ha desaparecido, al igual que la pradera y todo lo que había experimentado. Sin embargo, su cara y manos están vivas, llenas de sensaciones. Se da cuenta de que la cámara sagrada que experimentó yace dentro de su propia luz.

Para traerla de nuevo, sólo debe relajarse, cerrar los ojos y taparse la cara con las manos fugazmente. Mientras quita sus manos, saldrá de su interior y se formará alrededor de usted —una cámara sagrada donde puede tocar toda vida en sus expresiones más íntimas—.

Capítulo 6

El poder de la empatía

Una de las más elevadas formas de la clairsentience, y por lo tanto de la psicometría, es la empatía. La empatía es una respuesta mucho más intensiva que la experimentada con la psicometría. Nos afecta más profundamente y sus efectos pueden ser más complejos. Nos permite percibir a otras personas más allá de sus caras exteriores, y también vernos a través de los ojos de los demás.

¿Con qué frecuencia nos preguntamos cómo sería ser otra persona bajo sus circunstancias? Todos hemos tenido este tipo de inquietud. Por lo general hacemos el análisis imaginando cómo responderíamos, en lugar de ver cómo está sintiendo y experimentando tales circunstancias la otra persona. Pero incluso cuando hacemos esto, estamos mostrando la capacidad elemental de desarrollar y expresar empatía. Es un reflejo del potencial que tenemos para aumentar nuestra sensibilidad y ver la verdad de todas las personas y cosas.

La empatía a menudo es considerada el arte curativo más antiguo. Abundan leyendas y mitos de personas que han cargado sobre sus propios hombros los sufrimientos, dolores y pecados de otros. El folklore alrededor del mundo es rico en historias de aquellos que han podido ver a través de los ojos de otros (incluyendo animales). Muchos han oído cuentos o historias de individuos que, tocando el dolor de otra persona, lo han curado. Incluso hay relatos de seres especiales que al tocar el dolor ajeno, han podido pasar la enfermedad a sus propios cuerpos para luego transmutarla en su propio ser.

Lo descrito anteriormente, la curación psíquica y otros fenómenos, están conectados con la empatía. Ésta tiene muchas expresiones. Sólo las formas principales serán exploradas en este libro. A pesar de las limitaciones, es importante entenderla en plenitud —en especial para cualquiera que esté involucrado en el campo psíquico—.

Todos somos por naturaleza empáticos. Las condiciones y experiencias de la vida pueden aumentar la empatía, limitarla o incluso estimularla en forma inadecuada. Como pasa con todas las capacidades psíquicas, hay tiempos y condiciones que agudizan la naturaleza empática. Por desgracia, si no somos conscientes de ella, puede crear problemas.

Alguna vez ha dicho, "hoy me siento extraño, y no sé por qué", o "he estado comportándome raro toda la semana". Tales afirmaciones pueden reflejar que se ha conectado empáticamente con otras personas sin darse cuenta. Las emociones, actitudes y sentimientos pueden no ser suyos, tal vez los ha absorbido de personas con las que ha interactuado.

Mitos y leyendas que reflejan la empatía

- Leyenda griega de Prometeo y el robo del fuego.
- Leyenda cristiana de Jesús.
- Leyendas orientales de la ascensión de Buda.
- Leyendas chinas de Kwan Yin.
- Leyenda nigeriana de Nana Miriam.
- Leyenda alemán del "Viejo y los nietos".
- Leyenda irlandés "Half-a-Blanket".
- Leyendas africanas de Songi.
- Leyenda griega de Orfeo y Eurídice.
- Leyendas de la diosa maya Ix Chel.
- El "Cuento de Tontlawald" escandinavo.
- Leyendas célticas de Brígida.
- Leyendas de indios americanos de la mujer cambiante.
- Cuento latino de "Caperucita Roja y el Lobo".
- Leyendas indúes de Kali.
- Cuento de "La bella y la bestia".
- Leyendas griegas de Dionisos.
- Leyenda centroafricana de "Ki y el leopardo".
- Leyendas célticas de Morgan Le Fay.

(Estos son sólo una pequeña muestra de los mitos y leyendas que reflejan algunos aspectos y expresiones de la empatía).

Con una persona empática, a veces es difícil determinar si los sentimientos son de uno o de alguien más. Incluso si los sentimientos han sido captados de otra persona, un individuo empático los experimentará como si fueran suyos. Una persona empática es aquella cuyo cuerpo se convierte en barómetro para todo lo que es experimentado. Sensaciones físicas, emociones y actitudes mentales pueden cargarse y registrarse en la persona, y ésta asume que son suyas.

El mejor ejemplo que puedo dar de esto son los hipocondríacos que he atendido en el pasado. La mayoría son muy empáticos. Los dolores y enfermedades que sienten en el cuerpo, usualmente los han captado de personas de su entorno. Tienen una capacidad clairsentiente tan fuerte, que las enfermedades se registran como si fueran parte de su propio sistema.

Los niños por naturaleza son más sensibles a los niveles empáticos que los adultos. La mayoría de nosotros, a medida que envejecemos, construimos muros a nuestro alrededor. Nos volvemos defensivos. También aprendemos que tal sensibilidad en el mundo moderno puede hacernos vulnerables frente a los demás.

Hace varios años observé niños de seis a ocho años jugando béisbol en un campo abierto. A esta edad, es normal que ellos no bateen muy bien, y por tal razón varios infantes habían pasado su turno al bateo sin que nadie lograra un golpe certero. De repente uno de ellos bateó la pelota lejos hacia el fondo del campo. Todo su equipo saltó vitoreando y aplaudiendo. Y más sorprendente aun, los miembros del equipo contendor estaban tan emocionados de que alguien lograra esa hazaña, que también saltaron y celebraron. Cuando la pelota pasó rodando junto a uno de los alegres jardineros, todo volvió a la normalidad, y él corrió por ella. Todos los niños sintieron la alegría de ese golpe certero y respondieron a la emoción. Fue una maravillosa demostración de empatía alegre.

Muchos han presenciado escenas en televisión y películas donde aparecen niños. La situación muestra un infante que se inquieta y empieza a llorar. Esto a su vez desencadena una respuesta similar en el resto de los niños televidentes. Se trata de una respuesta empática.

Cuando yo tenía unos 10 años ocurrió un incidente donde mi padre regañó a mi hermano. No recuerdo el motivo, pero sí que me senté en esa habitación y sentí todo lo que mi padre estaba expresando y lo que mi hermano sentía en ese momento —ira, dolor, frustración—. Mi hermano estaba llorando y yo también empecé a hacerlo. Mi padre volteó hacia mí, se sorprendió y sonrió diciendo, "¿por qué diablos estás llorando?" Esta fue una respuesta empática.

Hay muchos ejemplos de respuestas empáticas a nivel social y personal. Algunas fluyen en forma natural, pero otras son forzadas y atávicas. Cuando lloramos en una película, hay una respuesta empática. Cuando nos encogemos de miedo al ver que alguien está siendo golpeado, estamos sintiéndolo en algún nivel de nuestro ser. Eso es empatía. Cuando seguimos las tendencias de la moda, estamos respondiendo empáticamente. Los anunciantes usan música e imágenes para crear respuestas empáticas en quienes oyen y ven sus comerciales. Si no somos conscientes de esta manipulación, estamos a merced de ella. Cuando sentimos el dolor de un amigo y extendemos los brazos para consolarlo, estamos expresando empatía.

Sentimos más empatía por y con las personas más cercanas a nosotros. Estamos conectados a ellas. ¿Con qué frecuencia hemos oído hablar de maridos que tienen dolores simpáticos durante el embarazo de la esposa? Esto es empatía.

Para quienes están involucrados en el campo psíquico y el curativo, es importante reconocer esta cualidad humana natural. También es fácil conectarse con los problemas y asuntos de quienes trabajan con nosotros. Llevamos esas cargas como si fueran propias. Puede ser difícil desconectarse de las personas con quienes trabajamos.

Los que apenas empiezan a abrirse a las percepciones psíquicas e intuitivas, a menudo encuentran activadas sus capacidades empáticas innatas y latentes. Aquellos que sueñan o experimentan visiones de grandes catástrofes, tales como accidentes aéreos y tragedias similares, a menudo están sintiendo la activación de su capacidad empática. Es una parte natural de nuestro ser y en ocasiones nos hace saber que aún está latente.

Esto a menudo se presenta de otras formas para el psíquico en desarrollo. Él o ella pueden enfocarse en el problema de una persona. Como resultado de este reconocimiento y enfoque, puede encontrar un creciente número de personas con el mismo problema. Sentimientos intuitivos súbitos e incluso visiones inesperadas pueden ocurrir respecto a ese asunto. He oído a psíquicos hablar de ocasiones en que viendo las noticias han tenido visiones que proveen mayores detalles de una historia particular presentada en televisión. Esta es una respuesta empática.

Incluso para quienes no pertenecen a estos campos, las tensiones de compañeros de trabajo son más fácilmente captadas y llevadas a casa. Las personas que tienen dificultad para separar el trabajo del hogar, a menudo necesitan aprender a controlar las respuestas empáticas.

Algunos individuos que trabajan muy cerca con otras personas, tienen gran dificultad para desconectarse una vez que el trabajo termina. Cuando empecé a trabajar en la buzqueda y localización de niños y otras personas perdidas o desaparecidas, se me dificultaba mucho desconectarme. Sentía lo que la persona estaba o estuvo experimentando, y después terminaba con diversos grados de depresión. No quería relacionarme con otras personas; me aislaba.

Luego de un tiempo, descubrí que ni siquiera podía ver fotos de extraños y cosas similares sin saber si alguien estaba vivo, era maltratado, etc. Incluso en la actualidad, aún debo practicar técnicas de barrera para no atarme a tales situaciones.

En los últimos cuatro o cinco años, he aprendido a controlar mis respuestas de una manera más eficaz. Esto ha requerido práctica y esfuerzo, pero la recompensa es evidente. Hace poco tiempo me pidieron que examinara la muerte de un niño para ver si valía la pena seguir investigando. Pasaron cerca de 48 horas antes de sentirme normal. La respuesta empática aún era fuerte, pero ahora podía reconocerla por lo que era y equilibrarla más rápida y fácilmente. En el pasado, situaciones como esta me afectaban al menos de 7 a 10 días, y a veces seguían perturbándome por mucho más tiempo.

La empatía también tiene un maravilloso aspecto sincrónico. Cuando enfocamos las energías en cualquier campo de la vida, generamos ondas a nuestro alrededor. Estas ondas forman corrientes que nos conducen a personas importantes y traen hacia nosotros a otros en corrientes similares. Estos por lo general son individuos con los que tenemos mucho en común. Existe una resonancia natural.

La empatía es una gran herramienta que puede ser usada para diagnóstico y discernimiento en personas, salud y todos los aspectos de la vida. Sin embargo, es importante desarrollarla, fortalecerla y controlarla. Las respuestas empáticas a la vida, sin control ni reconocimiento de lo que realmente ocurre, harán que seamos lanzados de un lado para otro por la corriente que encontremos. Si aprendemos a reconocerla y usarla, podremos interpretar las corrientes y emplearlas para nuestro beneficio. Trabajar con los ejercicios de este capítulo le ayudará en esto enormemente.

Cómo ocurre la empatía

Las respuestas empáticas se dan en parte gracias al campo áurico visto anteriormente. Tiene una fuerte cualidad electromagnética dinámica. Constantemente estamos emanando y absorbiendo energía. Hay un intercambio cada vez que entramos en contacto con otra persona. Si no somos conscientes de esto podemos acumular muchos "desechos energéticos", lo cual puede afectar el estado físico e incluso crear desequilibrios emocionales. Hasta podríamos empezar a sentir que nos estamos enloqueciendo un poco. Las personas empáticas tienen por lo general una cualidad magnética más dinámica en su energía.

Recuerde que la piel es el órgano sensorial más grande del cuerpo humano. El rosado es con frecuencia usado en terapia con colores para curar problemas cutáneos. Cuando aparece en el aura cubriendo la piel, refleja una estimulación del sentido del tacto.

Rojos vivos en el aura también pueden reflejar una mayor sensibilidad. Si el aura se encuentra en el rango del rojo o fuego intenso, intensificará todas las respuestas y puede tornar hipersensible a una persona. Las cosas dichas con cariño son sentidas de la misma forma; las cosas dichas de manera mordaz afectan con mayor intensidad. El color rojo en el aura incrementa el impacto total de lo que está siendo expresado alrededor de nosotros, y usualmente es sentido a nivel físico.

La empatía se basa en la resonancia, término que más a menudo encontramos asociado con la música. En la música, es la capacidad de una vibración de alcanzar otro cuerpo y generar una vibración similar en él. Esto es demostrado más fácilmente con el uso de un piano y un diapasón. Si tocamos un diapasón para obtener un C medio y sentimos suavemente las cuerdas del piano, encontramos que la cuerda para C medio vibra en respuesta al diapasón.

Cada célula del cuerpo humano es un resonador energético; tiene la capacidad de responder a cualquier vibración o energía que encontremos. En metafísica se enseña que somos un microcosmo del universo. Esto significa que tenemos todas las energías dentro de nosotros hasta cierto grado. En nuestros campos de energía sutil y físico están inherentes todas las energías del universo. Tenemos la capacidad de resonar y responder a lo que nos encontremos.

Una respuesta o resonancia empática ocurre cuando dos o más cuerpos tienen frecuencias similares o idénticas. Si una persona está enojada y su ira nos perturba, experimentamos una resonancia empática. Si reaccionamos a la excitación sexual de alguien, es una respuesta empática.

Las respuestas empáticas pueden darse en una de tres formas:

Respuesta empática libre: Ocurre en personas que son muy compatibles en muchos niveles. Las parejas que han estado unidas durante mucho tiempo, disfrutan respuestas empáticas libres. Un miembro de la pareja siente lo que experimenta la otra persona. Hay una resonancia innata. Un factor importante en esto es la disposición del individuo para responder. Para quienes están involucrados en la metafísica, en esto radica la respuesta al axioma: cuando el estudiante está listo, el maestro aparece.

A través de la resonancia empática se establece la relación colectiva, y los miembros del grupo responden con mayor facilidad a las energías de quienes lo conforman. En grupos que se han unido para un fin particular, ese propósito sirve como un medio para establecer resonancia empática entre los miembros.

Respuesta empática forzada: La resonancia forzada ocurre cuando dos sistemas energéticos tienen frecuencias diferentes, y la más fuerte es transmitida a la otra forzadamente. Esto tiene aspectos positivos y negativos, y no se trata de una fuerza física. Una fuerza más potente moverá a una más débil.

Las personas carismáticas son aquellas que tienen una capacidad natural para estimular la resonancia empática en otros.

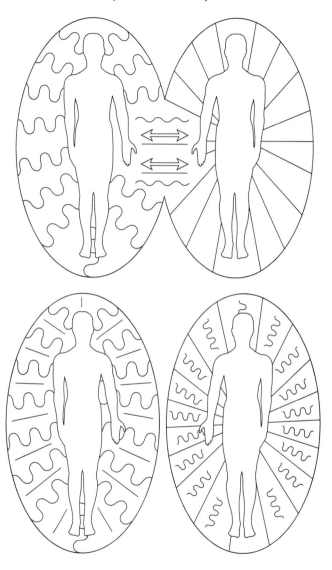

Figura 14:
Intercambio de energía entre auras

Tienen una energía tan fuerte y dinámica, que incitan respuestas en los demás. A veces esto es libre y a veces forzado.

Quienes asisten a conferencias y clases están adoptando, como mencioné antes, una posición receptiva. Se están abriendo a la posibilidad de ser influenciados empáticamente. No hay problema con esto si el profesor o lector es auténtico, pero por desgracia no todos lo son. Ser consciente de esta receptividad ayudará a prevenir influencia negativa.

Quienes responden a la presión del grupo —para bien o para mal— experimentan resonancia forzada. La fuerza del grupo supera la del individuo. La fuerza o energía combinada del grupo anula la energía del individuo y lo obliga a resonar con el colectivo. Esto puede ser muy sutil.

Respuesta empática atávica: Esta es una respuesta empática descontrolada. Algunas personas son muy empáticas debido a las circunstancias de sus vidas. El estrés, abuso y otras formas de trauma pueden romper nuestro campo áurico, causándole un corto circuito. Ya que parte de su función es protegernos, cuando es estropeado o debilitado, somos más sensibles a todo en la vida. Todas las sensaciones —físicas y de otras formas— nos afectarán y serán experimentadas con mayor intensidad, por lo general sin control.

Quienes experimentan sentimientos intuitivos súbitos y breves, están teniendo una respuesta empática atávica. Muchas personas han reportado sueños y visiones de desastres naturales, nacimientos, muertes, e incluso accidentes aéreos y tragedias similares, antes de que ocurran. Estas son respuestas atávicas.

La respuesta atávica nos fuerza a ser más conscientes de lo que experimentamos. Pone una mayor responsabilidad sobre el individuo para responder a situaciones diarias. De muchas formas sirve para protegernos, darnos sentimientos e impresiones acerca de nuevas personas, lugares y situaciones. Desafortunadamente, racionalizamos o ignoramos estas respuestas atávicas.

Las personas empáticas deben reconocer y aceptar lo que sienten. Esto no siempre es fácil. No hemos sido formados para honrar nuestros aspectos intuitivos. Alguien puede aparentar una buena salud, pero en el caso de un individuo empático, habrá una verdadera valoración sólo cuando ocurra un contacto físico real. Estrechar la mano, o un simple roce, desencadenará las percepciones intuitivas. Cuando toquemos a la persona sabremos su condición.

Muchas veces en estos casos, las sensaciones son ignoradas o descartadas. Una persona puede rozarse contra nosotros, y surgen toda clase de imágenes e impresiones extrañas. La respuesta típica es de negación: "¿por qué pensaría eso de esta persona?". No aceptamos lo que sentimos, y esto a menudo se torna en problemas. Por lo general esas impresiones son correctas y con el tiempo se prueban, incluso si no las entendemos inicialmente. Entre más reconozcamos y aceptemos esos sentimientos —la voz interior que es activada a través del tacto—, cada vez serán más fuertes.

Ejercicios

XX: ¿Es usted empático?

El siguiente cuestionario, aunque es similar al del primer capítulo, le ayudará a determinar con mayor presición si tiene
fuertes cualidades empáticas innatas.

1. ¿Es persuadido o influenciado con facilidad por otras
personas?

(Las personas empáticas son influenciadas y susceptibles a la manipulación ajena. Sienten y experimentan lo
que es proyectado hacia ellas por los demás, por eso
deben tener precaución adicional al tratar con vende-
dores y otros que podrían manipularlas. Si usted sabe
que es empático, a largo plazo le será más beneficioso
moverse con más lentitud, sin dejar que lo apresuren y
asegurándose de que se encuentra a satisfacción).

2. ¿Su temperamento cambia con el grupo o entorno
en que se encuentra?

(Las personas empáticas son atraídas con facilidad a
los estados de ánimo y energías de grupos. Con frecuencia esto se debe a una expresión de resonancia forzada. Recuerde que las personas empáticas tienen un
campo energético más magnético. Tienden a absorber
y adoptar la energía, actitudes y comportamientos de
grupos grandes, individuos e incluso entornos. Ser consciente de esto lo ayudará a ser menos susceptible a esta
clase de influencia).

3. ¿A veces se encuentra "entusiasmado" por una reunión o evento social, y poco después de llegar se siente agotado y desanimado?

(Las personas empáticas deben ser un poco más cautelosas en entornos de grupo. Debido a que tienen energía más magnética, pueden entrar a un grupo y absorber la energía de quienes estén presentes. A menudo, este tipo de absorción energética ocurre a través del plexo solar. La persona recoge toda la energía emocional y mental presente, y esto la empieza a agobiar de inmediato).

4. Con frecuencia se le dificulta determinar lo que está sintiendo en cierto momento?

(Debido a que la mente y el cuerpo de una persona empática son un barómetro para lo que ella experimenta, puede ser difícil que determine si los sentimientos son suyos o los ha absorbido de alguien más.

Para la mayoría de empáticos es usual sentir y experimentar lo que otros pueden proyectarles, por ejemplo estados de ánimo, sexualidad y deseos. Esto puede ser difícil porque a menudo tales proyecciones son experimentadas por el individuo empático como si fueran sus propios sentimientos. Es esencial un control cercano, personal y frecuente. Las técnicas de protección del siguiente ejercicio ayudarán a implantarlo).

5. ¿Con frecuencia transfiere a su casa los estados de ánimo del trabajo, o lleva sus problemas personales al entorno laboral? ¿Se le dificulta separar el trabajo y el hogar? ¿Es muy difícil para usted ser objetivo y separar asuntos y aspectos de su vida?

(Si encuentra que en forma constante lleva a casa situaciones y experiencias del trabajo, hasta el punto en que afectan la forma en que maneja su vida familiar, entonces sus energías empáticas pueden necesitar un equilibrio. Incluso si esto sólo ocurre en raras ocasiones, refleja la necesidad de equilibrar las energías. Recuerde que éstas tienen ciclos, e incluso las capacidades empáticas innatas a veces son más activas o inactivas, a menos que aprendamos a controlarlas y dirigirlas.

Si tiene dificultad para actuar con objetividad, esto puede reflejar una tendencia a fuertes capacidades empáticas. Todos tenemos períodos en que esto ocurre; es parte del ser humano. Pero si cada aspecto de nuestra vida está mezclándose en los otros, indica la necesidad de controlar nuestras energías más conscientemente).

6. ¿Se considera u otros lo consideran demasiado sentimental? ¿Llora con facilidad (de alegría o tristeza)?

(Las personas empáticas a menudo son demasiado sentimentales o muy sensibles. Responden más rápida e intensamente que otras personas. Ríen y lloran con facilidad. Experimentan el impacto total de lo que es expresado alrededor de ellas).

7. ¿Es usted muy sensible, y confronta las situaciones con mucha más seriedad que los demás?

(Las cosas que podrían ser pasadas por alto por el individuo promedio, son experimentadas a plenitud por las personas empáticas).

8. ¿Se siente mal cuando otras personas lo tocan?

(La mayoría de personas empáticas pueden ser ubicadas en una de dos categorías, y la mayor parte cae en la segunda. En la primera están individuos que por lo general disfrutan tocar y ser tocados. Muchos de ellos también reconocen que a través del tacto pueden conectarse a plenitud con los que tocan.

La segunda categoría está compuesta de individuos que no les gusta ser tocados. Son tan sensibles, que se sienten muy mal cuando los tocan, aún en algo tan simple como un apretón de manos).

9. ¿Es o era muy tímido e introvertido cuando estaba creciendo?

(La mayoría de personas tímidas e introvertidas son empáticas. Para muchas de ellas, esto es un medio de defensa. En un nivel subconsciente, reconocen que pueden ser afectadas con facilidad. Reconocen que nuevas personas pueden tener una energía que es desconocida y será experimentada intensamente. La indecisión al relacionarse refleja lo anterior, y es importante tener en cuenta esta conducta. las personas no siempre saben lo que es mejor para nosotros, sin importar la intención. Si no consideramos esto, nunca aprenderemos a desarrollar y honrar nuestro propio sentido de autoestima e intuición.

Pero vivimos en una sociedad que es muy intolerante con tal comportamiento. Los padres y compañeros con frecuencia presionan a los hijos y amigos a involucrarse en situaciones donde deben relacionarse hasta cierto nivel. Incluso hay una especie de estigma ligado a ser tímido. En la mayoría de casos, si las personas son dejadas solas, desarrollan su propia forma de estar más cómodas en situaciones sociales).

10. ¿Tiene la tendencia a cargar con los problemas, dolores, penas, luchas, preocupaciones, etc. de otras personas, ya sea o no en forma voluntaria?

(Las personas empáticas deben tener cuidado de involucrarse en situaciones donde otros descargan sobre ellas problemas y asuntos similares. Todos hemos experimentado esto hasta cierto punto. ¿Con qué frecuencia se ha sentido agotado a abatido después de hablar con alguien, incluso por teléfono?

Si esto ocurre con frecuencia, debemos examinar las causas. Esto con frecuencia refleja que otros están usando —conscientemente o no— nuestras capacidades empáticas para evitar sus propios problemas. Al final, la otra persona se aleja con algunas de nuestras energías más equilibradas, y nos deja con las de ella. Quedamos con sus problemas, tratando de manejarlos).

XXI: Controlar y proteger respuestas empáticas

La empatía es una de las capacidades más difíciles de controlar. Puede ser muy confusa en cuanto a que el individuo es muy influenciado por otros, que se hace difícil el discernimiento de sus verdaderos sentimientos. El ejercicio XX debe haberlo ayudado a determinar si usted es realmente empático. Sin embargo, tenga en cuenta que hay varios niveles de empatía, pero sin reparar en el nivel o tipo, puede ser controlada con esfuerzo y persistencia.

Es importante desarrollar una capacidad psíquica para limpiar el aura y la energía. Somos más que sólo un cuerpo físico. La mayoría de gente enfoca su atención en lo visible y tangible, pero la ciencia está probando continuamente que somos afectados por aspectos invisibles al ojo humano.

Si no es consciente de cómo lo afectan las fuerzas extrañas, su propio sistema energético puede debilitarse. Esto es aun más cierto si usted se encuentra entre los menos empáticos. Estas debilidades pueden manifestarse como enfermedades físicas o desequilibrios mentales/emocionales. La clave para prevenirlo es fortalecer y proteger nuestro campo áurico.

Mantener una buena salud es primordial para el balance. Una dieta adecuada, ejercicio y aire puro son factores esenciales. Por otra parte, la falta de ejercicio y aire puro, una dieta inapropiada, el abuso del alcohol, drogas, etc., desgastan las energías y es más probable que seamos afectados por influencias externas. Lo siguiente será de ayuda para prevenir estos problemas.

Deje que la naturaleza lo ayude. El aire puro y la luz del Sol limpian y fortalecen sus energías. Pasar tiempo al aire libre, tomando aire puro, tiene un efecto curativo y equilibrante. Lo ayudará a permanecer centrado y ser menos sensible. Cada vez que se sienta demasiado sentimental o sensible, salga a la naturaleza, que siempre fortalece y cura.

Siéntese debajo de un pino 5 ó 10 minutos. Los pinos limpian el aura humana. Sus campos energéticos sirven para sacar emociones negativas y equilibrar estados muy emocionales. De muchas formas, usan esta acumulación de energía negativa casi como un abono, y de este modo hay un intercambio equilibrado.

Use ejercicios y técnicas de limpieza. Todos los días, cuando se duche y bañe, vea esto no sólo como una limpieza física, sino como un lavado de las relaciones que ha establecido en el transcurso del día. Recuerde: cada vez que interactúa con alguien, hay un intercambio de energía, da y recibe.

En el caso de personas empáticas, un baño o ducha al final del día será esencial para su salud general. Esto ayudará a liberar los residuos acumulados a lo largo del día, y a discernir cuáles son o no los sentimientos del individuo empático.

Use con regularidad el siguiente ejercicio de vórtice de limpieza. Le ayudará a mantener una mente clara en cuanto a las energías que experimenta. También le ayudará a definir cuáles son sus sentimientos y cuáles puede haber absorbido de otras personas. En esencia, limpia el aura, purificándolo en mente, cuerpo y espíritu.

- Siéntese y haga una relajación progresiva.

- Cierre los ojos y visualice un torbellino cristalino formándose a unos 10 pies encima de su cabeza. Visualícelo como un tornado de fuego blanco puro. Mientras adquiere forma de embudo, visualícelo suficientemente grande para abarcar todo su cuerpo y aura.

- Visualice este tornado espiritual moviéndose hacia abajo. El extremo pequeño debe ser visualizado entrando por la coronilla. Luego es visto descendiendo a través del cuerpo mientras toda el aura lo rodea.

- Este torbellino de fuego espiritual debe ser visualizado girando en el sentido de las manecillas del reloj. Mientras toca el aura y el cuerpo, vea cómo absorbe y quema todos los residuos energéticos que usted ha acumulado a lo largo del día.

• Véalo, siéntalo e imagínelo barriendo y limpiando toda su aura y cuerpo. Mientras avanza, permita que este vórtice de energía salga por sus pies y entre al núcleo de la tierra. Vea el vórtice llevándose todos los residuos energéticos a los planos inferiores, donde son usados para fertilizar y beneficiar los reinos inferiores del planeta.

Aprenda a desconectarse de los demás. Para las personas empáticas es esencial aprender a desconectarse de otras personas. Esto debe ser hecho al instante después de salir de un lugar o dejar la compañía de otros.

Sé que lo he repetido con frecuencia, pero es un punto crítico. Las personas empáticas necesitan tener la capacidad de separar sus respuestas de quienes las rodean. Esto puede ser difícil debido a que a menudo experimentan como propios los dolores, penas y sentimientos de otros. Ponga atención a lo que siente cuando toque a otras personas o sea tocado por ellas a lo largo del día.

Al final del día, vea en orden inverso los sucesos acontecidos. Esto lo forzará a concentrarse en lo que experimentó y en las personas que se encontró a lo largo del día. Es menos probable que pase por alto detalles importantes.

Todos los que se encontró son individuos de los que debe desconectarse. Con personas empáticas, el porcentaje es tan alto, que incluso en encuentros cortos hay una conexión con quienes han tocado. Lo siguiente le ayudará en este proceso de desconexión y aumentará su propio bienestar:

- Lave sus manos con frecuencia a lo largo del día. Esto es importante para quienes trabajan en ventas, centros de salud o puestos donde hay constantes apretones de manos y cosas similares. Las personas empáticas se conectan a través del tacto. Lavarse ayuda a romper la conexión, así que no permanezca conectado todo el día con alguien con quien estrechó la mano temprano en la mañana.

- Visualícese desconectándose de otras personas que se encuentra a lo largo del día. Esto puede ser hecho con cada persona cuando termina el encuentro o al final del día.

Hay varias formas de hacerlo. Vea a todos los que toca conectados a usted por delgadas líneas de energía. Por lo general la conexión es a través del plexo solar, pero visualícela de la forma que encuentre más conveniente.

Algunos recomiendan verla como una cuerda sacada del área del plexo solar. Tire de ella hasta que pueda visualizar el extremo. Luego libérela para que sea absorbida de nuevo en la otra persona. Incluso puede invertir este flujo sacando su energía de la persona que tocó, tirando de sus cuerdas para no perder su propia energía en el proceso.

Algunos pueden ver las líneas de conexión como hilos que deben ser cortados. Visualice tijeras y corte la conexión. Esta es una forma rápida, y puede llevarse a cabo mentalmente con cada persona que nos encontremos en las actividades del día.

Descubra la forma que funcione mejor para usted. Si no halla una manera de desconectarse a diario, le será difícil determinar si sus sentimientos son suyos o los ha absorbido de personas con quienes interactúa.

Incluso con los seres queridos esto debería ser hecho en forma regular. Con ellos, las conexiones se restablecerán en forma fácil, por eso no causará daño alguno a la relación, pero podrá manejarla desde una perspectiva más clara.

Use posturas físicas para protegerse: Hay corrientes de energía naturales fluyendo por todo el cuerpo. Hay formas de usar posturas para ayudar a evitar que las personas empáticas sean desequilibradas, influenciadas o incluso abatidas por otros.

Todos hemos experimentado ser abatidos por otras personas. Hablamos con alguien por teléfono o en persona y, cuando finaliza la conversación, quedamos agotados o terminamos cargando el problema de dicho individuo. Incluso podemos ser convencidos de hacer cosas que no queríamos.

Estas situaciones se pueden corregir con posturas y gestos sencillos que nos hacen menos susceptibles a influencias externas. Ellos deben ser parte del régimen de autodefensa psíquica de cada persona, sea o no empática. En esencia, sirven para cerrar el circuito energético a fin de que su energía sólo circule dentro de su campo y haya menos probabilidad de que sea afectado.

- Los pies y las manos son puntos donde terminan los meridianos principales del cuerpo, en especial los dedos. Cruce los pies en los tobillos. Esto cerrará los meridianos que van a los dedos. Entrelace los dedos de las manos en posición de oración. Siéntese con las manos cruzadas sobre su regazo. Esto cierra por completo su flujo energético. Haga esta postura la siguiente vez que se encuentre a alguien que siempre lo deja agotado o lo convence en ciertas cosas. Adopte la posición descrita de forma despreocupada y simple, y la otra persona no sospechará nada. (También funciona al hablar por teléfono). Al hacerlo, en pocas semanas observará los resultados. Tal vez oirá comentarios tales como, "no es tan amable como solía ser" o "no es tan abierto como antes". Esto confirma que la postura funcionó. Estará hablándoles a las personas tan amablemente como antes, pero sin permitir ser agotado ni influenciado por ellas. Pueden no entender el cambio, pero lo notarán al igual que usted.

- No se pare ni siente mirando directamente a personas que tienen la tendencia a influenciarlo.

- Al hablar con personas, míreles hacia el ojo izquierdo. El ojo derecho es el transmisor de energías mentales y emocionales. Si se enfoca en él, estará más susceptible a ser influenciado y a responder empáticamente.

- Cuando se encuentre en un grupo o situaciones de persona a persona y se sienta influenciado —o incluso si en principio es consciente de que hay mayor probabilidad de respuestas empáticas—, siéntese y párese con los brazos cruzados de manera despreocupada sobre el plexo solar. Esto sirve como protección para no ser influenciado por las energías que lo rodean.

- Considere su aura como un escudo.

XXII: Reconocer corrientes psíquicas

Las personas dan pistas en cuanto a actitudes y circunstancias en sus vidas. El comportamiento, postura, movimiento, voz, apariencia, fragancia —todo sirve para reconocer las corrientes psíquicas de un individuo—.

Las corrientes psíquicas son las sutilezas de la vida. Reflejan el estado físico, emocional, mental y espiritual de la persona. La empatía, cuando es desarrollada y controlada, es una poderosa herramienta para reconocer e interpretar estas corrientes en forma adecuada.

La clave para interpretar las corrientes psíquicas es aprender a sintonizarse con la otra persona. Así como las ondas de radio son captadas cuando el dial se sintoniza en la longitud de onda apropiada, la mente y el cuerpo humano también pueden hacerlo.

Para este ejercicio necesitará otra persona. También es bueno hacerlo en grupo, ya que los miembros del mismo pueden rotarse y se practica más.

1. Empiece haciendo una relajación progresiva. Recuerde que esto no es una prueba. No se compare con los demás, pues inhibirá sus respuestas naturales.

2. Siéntese frente a su compañero. Al comienzo, uno será pasivo mientras el otro hace la sintonización. Al final del ejercicio pueden cambiar los roles.

3. El que va a ser examinado puede encontrar más cómodo sentarse con los ojos cerrados. (El siguiente ejercicio lo hará usar el contacto visual para establecer conexiones empáticas).

4. Concentre la atención en su compañero. No clave sus ojos en él/ella; sólo mantenga una mirada fija y relajada. Va a conectarse con esta persona brevemente para examinar su bienestar. Para hacer esto, visualizará un haz de luz uniendo sus principales centros energéticos (chakras) con los de la otra persona.

A lo largo de este ejercicio, se examinará a sí mismo además de su compañero. Esto se debe a que los sentimientos de la otra persona pueden registrarse en usted como si fueran suyos. Incluso podría tener a la mano una libreta para anotar las impresiones.

Empiece visualizando un haz de luz que se extiende desde la base de su columna vertebral hasta conectarse con su compañero en este nivel. Una vez que se sienta conectado, hágase preguntas acerca del bienestar físico de la otra persona. ¿Hay problemas? Mientras hace esto, ponga atención a lo que siente o experimenta. ¿Hay sensaciones de hormigueo? ¿Cambios de temperatura? ¿Emociones o sentimientos? Ponga atención especial a las respuestas físicas y dónde ocurren en su cuerpo. Manténgase relajado. Concéntrese en esto uno o dos minutos.

Diríjase al área de su ombligo. Visualice un haz de luz extendiéndose desde ahí hasta su compañero, uniéndolos en ese nivel. ¿Qué está experimentando él/ella emocionalmente? ¿Cuál es su sentimiento personal más relevante en este momento? ¿Alegría? ¿Ira? ¿Angustia? ¿Asombro? Ponga atención a lo que siente

—además de lo que cree que está sintiendo la otra persona—. Concéntrese en esta conexión uno o dos minutos.

Avance al área del plexo solar. Véase conectándose con su compañero en este nivel como lo hizo en los otros. Ponga atención a los pensamientos o ideas de inspiración. ¿Qué está pensando mientras ocurre esta conexión? ¿Qué atraviesa su mente? ¿Dónde están enfocados en el momento la mayoría de pensamientos y actividades mentales de su compañero?

Ahora suba al corazón. Únase con la otra persona como lo hizo en los otros niveles. Al hacerlo, enfóquese en el más fuerte deseo en el corazón de su compañero en este momento. ¿Qué sueño está arraigado en lo profundo del corazón? Confíe en lo que siente.

Después conéctese con el área de la garganta de su compañero, y pregúntese qué es lo que más necesita expresar esta persona. ¿Qué está siendo expresado y no debería, y qué no está siendo expresado y debería? ¿Qué es lo que más desea expresar personalmente?

Luego, visualice y siéntase conectádo con su compañero en el nivel de la frente. Mientras lo hace, relájese y permita recibir impresiones. ¿Surgen preocupaciones, temores o dudas en particular? ¿Impresiones imaginativas, ideas y/o sueños?

Ahora, como lo hizo en los otros niveles, vea una luz conectora entre su coronilla y la de su compañero. ¿Qué siente que necesita ser afirmado? ¿La persona necesita afirmarse en nuevas áreas de la vida? ¿La aserción es demasiado fuerte? ¿Cuál podría ser la actividad vital de esta persona?

5. Después que se haya conectado, siéntese y enfóquese de manera contemplativa en su compañero. No trate de ser demasiado específico. Mientras está sentado frente a su compañero, notará un humor, cualidad de pensamiento o ser. No busque información específica. Inicialmente, sólo trate de determinar impresiones y sentimientos generales. Permita que el estado de ánimo de la otra persona penetre en usted hasta que sea suyo. Puede sentir la ira, alegría, aprensión, dudas, certezas o una variedad de sentimientos de su compañero. No trate de interpretarlos. Sólo identifíquelos y reconózcalos en silencio. Podrá hablar de ellos con su compañero después del ejercicio. Los recordará.

6. Comparta los pensamientos con la otra persona. A veces es bueno desear mentalmente ser de ayuda para la otra persona en expresar o experimentar las posibilidades de ese sentimiento.

7. Después de unos cinco minutos de esta contemplación, retire el haz de luz conector de la coronilla suya y la de su compañero. Absórbalo en su propio cuerpo, donde se originó. Haga esto con cada luz conectora que formó. En la última separación, véase equilibrado, controlado y separado por completo de la otra persona —sin residuos diferentes al recuerdo—.

8. Saque tiempo después para discutir y compartir con su compañero todo lo que sintió o experimentó. Esta comunicación es esencial para confirmar y validar sus impresiones.

XXIII: Usar la empatía para crear intimidad

El siguiente ejercicio es muy difícil de hacer. Requiere un compañero, especialmente alguien con quien tenga mucha confianza. El ejercicio ayudará a establecer intimidad en las relaciones. Aunque puede parecer fácil, en realidad es muy difícil. Se debe permitir que alguien más examine su alma, y usted entre en la de esa persona.

A veces me refiero a este ejercicio como "el camino del silencio". Nos ayuda a desarrollar una visión empática y silenciosa en otras personas. Es una experiencia muy profunda. Con la práctica, puede ser usado casi con cualquiera. Es difícil desarrollar y controlar esta visión silenciosa del alma, pero tiene muchos beneficios. El más evidente es que nos permite ver el mundo a través de los ojos de otra persona.

En este ejercicio, se sentará cara a cara con otra persona. Recomiendo que las primeras veces lo haga con alguien de mucha confianza. Estará sentado totalmente en silencio y con los ojos quietos.

Es una experiencia muy íntima porque se sentará y examinará los ojos de su compañero durante varias horas. Mientras lo hace, empezará a ver el verdadero espíritu de la otra persona y mucho de lo que ha experimentado.

Para la mayoría, usar el camino del silencio puede ser muy difícil. Usted se sentirá expuesto y deseará apartar la vista o hacer alguna otra cosa. Si supera esto, llegará un momento en que empieza a ver y sentir lo que es y ha sido visto y sentido por la otra persona.

Para muchos, esto puede ser demasiado, en especial al considerar que la otra persona está viendo y sintiendo lo que hemos experimentado en la vida. Empezamos a ver la totalidad del tiempo de alguien en y a través de sus ojos. Esto requiere aceptación y respuestas incondicionales y sin juicios. Si no cree que pueda hacer esto, ni siquiera lo intente.

Para quienes apenas empiezan, este ejercicio podría ser realizado mejor por etapas. Inicialmente hágalo durante 15 minutos; luego prolongue gradualmente el tiempo. Es esencial seguir varias reglas:

1. No debe haber conversación o comentarios a lo largo del ejercicio. La comunicación verbal durante la sesión minará su capacidad de sentir y ver a través de los ojos de la otra persona.

2. Durante el ejercicio debe ser mantenido algún contacto físico. Es bueno sentarse frente a frente tocándose con las rodillas, al igual que cogerse de las manos. Es importante que las dos personas estén cómodas pero tocándose.

3. El contacto visual debe ser mantenido a lo largo de la sesión. Siempre se ha dicho que los ojos son las ventanas del alma. El ejercicio probará lo anterior. No tiene que mirar fijamente con intensidad. No es una competencia de miradas fijas. Sólo relájese, y mire los ojos de la otra persona. No se preocupe por el parpadeo o movimiento ocasional de los ojos.

Si usted o su compañero aparta la vista, puede ser una indicación de que esta persona se siente vulnerable y que usted está empezando a entrar en áreas íntimas de su vida, sea o no consciente de ello.

Una mirada más alentadora puede se la solución. También puede sonreír o apretar la mano de su compañero con suavidad. Para poder ver a través de sus ojos, debe haber seguridad y confianza.

No hable en estos momentos, porque separará los sentimientos íntimos que están siendo establecidos. Después habrá tiempo para hablar, discutir, explicar y tranquilizar.

4. Cada persona experimenta esta visión silenciosa de forma diferente. Algunos sólo sienten cosas en su propio cuerpo. Otros ven la vida de su compañero pasando frente a ellos como una película. Hay quienes únicamente experimentan las influencias más importantes en la vida de la otra persona. Todo lo que se siente y experimenta tiene validez.

Mientras tiene estas impresiones acerca de su compañero, haga una observación mental y continúe mirándolo fijamente a los ojos. Trate de no revelar ninguna respuesta. No deje que su rostro muestre que ha experimentado algo. Esto pondrá nervioso a su compañero. Él o ella empezará a preguntarse que vio o experimentó usted, lo cual puede crear barreras.

No trate de forzarse para ver a través de los ojos del otro. Ni siquiera tiene que imaginarse mirando desde atrás de esta persona. Siéntese, mirando fijamente a los ojos, y todo sucederá en forma natural. Estamos conectados a toda vida, especialmente la humana, pero a través de los años hemos creado barreras a nuestro alrededor para guardarnos de nuestras sensibilidades naturales. Este ejercicio le confirmará cómo podemos sintonizarnos naturalmente con otras personas.

5. Al final del tiempo prescrito, párese y estírese. Cada uno debe tomar el turno y compartir todo lo experimentado. Mientras usted lo hace, la otra persona debe permanecer relativamente en silencio, sólo pidiendo aclaraciones ocasionales si es necesario.

Después de compartir lo experimentado con su compañero(a), él/ella debe confirmar y validar los sentimientos. A veces esto puede ser hecho suministrando detalles de escenarios o confirmando sucesos, sentimientos y cosas similares. Luego los roles son invertidos.

Asegúrese de que el intercambio termine en una observación positiva. Verá los más íntimos dones, sueños y potenciales de la otra persona, hayan o no sido expresados en esta vida. Usted debe estimularlos. Ambos deben recordar que nunca abrigamos esperanzas, deseos o sueños sin tener también las oportunidades para hacerlos realidad. Y lo único que puede acabar con esas posibilidades es el rendirse.

XXIV: Alicia en el país de las maravillas

Un ejercicio que es bueno para desarrollar la capacidad para resonar con una más amplia variedad de personas, solía llamarlo Empatía de edad, pero ahora lo llamo el ejercicio de

Alicia en el país de las maravillas. Esto nos ayuda a desarrollar simpatía y resonancia, mientras genera también una mayor flexibilidad en nuestras propias energías.

Vivimos en una sociedad que tiene la tendencia a ignorar y devaluar dos preciados grupos humanos —los muy jóvenes y los muy viejos—. El abuso infantil está aumentando, al igual que el abandono de los mayores. Este creciente problema en tiempos modernos refleja de muchas formas una tendencia inherente a neutralizar las sensibilidades naturales o permitirnos ser socializados fuera de ellas. Este es un ejercicio que le ayudará a evitar que se atrofien sus sensibilidades naturales.

Con este ejercicio, o cualquiera de las variaciones sugeridas, es importante adaptarlas a usted mismo y su propia vida. Este ejercicio en particular mejorará los efectos generales.

En *Alicia en el país de las maravillas*, de Lewis Carroll, Alicia entra a una habitación llena de puertas cerradas. Detrás de una cortina encuentra una puerta pequeñita que abre a un pasaje que conduce a un hermoso jardín. Sobre una mesa en la habitación hay una poción marcada "bébeme". Ella la bebe y se encoge lo suficiente para pasar por la pequeña puerta hacia el jardín. Parte de esta aventura también incluye su encuentro con un diminuto pastel marcado "cómeme". Comerlo la hace crecer.

Con este ejercicio, usted se visualizará pequeño y grande. No recomiendo hacerlo en el mismo tiempo de meditación, sino alternarlo periódicamente. Hágase pequeño en una ocasión y grande en la siguiente. También puede hacerlo usando regresiones y progresiones de edad. En lugar de reducir de tamaño, véase más joven, retrocediendo cinco o seis años. Cuando coma el pastel, véase envejeciendo veinte, treinta o una gran cantidad de años.

Es importante tratar de ver, sentir y experimentar todo desde el tamaño o la edad que adopte en el ejercicio. Esto le facilitará ver y sentir cosas en la vida real desde la perspectiva de otras personas, y le permitirá mejorar sus capacidades empáticas naturales.

1. Asegúrese de que no será interrumpido. Hay que descolgar el teléfono y no debe haber interrupciones. También es bueno que antes lea la historia de Lewis Carroll, *Alicia en el país de las maravillas.*

2. Cierre los ojos; respire profundamente. Haga una relajación progresiva, transmitiendo pensamientos tranquilizantes y energía a cada parte del cuerpo.

3. Visualícese como Alicia. Véase de su tamaño y edad. Piense y hable como ella. Su curiosidad e imaginación es tan viva como la de ella.

4. Mientras se concentra en esto, un gran conejo blanco corre junto a usted. Y lo sigue hasta su guarida. Al empezar a descender está oscuro, pero luego el sitio se ilumina. Pronto termina en una inmensa cámara.

   La habitación tiene una mesa en el centro. Sobre ella hay variedad de frascos de boticario y pasteles en miniatura. En el borde exterior de esta cámara hay puertas de diferentes tamaños, formas y contornos. Una es muy pequeña, y usted sabe que no debe tener más de 10 pulgadas de alto para pasar por ella. Una es tan grande, que incluso como adulto no podría alcanzar su manija. Otra parece antigua, y también hay una que se ve nueva. Cada puerta tiene su propia naturaleza, que refleja el tipo de experiencia que encontraría al pasarla.

Ahora se dirige a la mesa, y en el centro está el único frasco de boticario marcado en este momento. Frente a él hay una pequeña tarjeta en la que está escrito en un rollo de pergamino muy ornado "bébeme". De algún modo usted sabe que es seguro, aunque es consciente de que también lo abrirá a una nueva experiencia. Destapa el frasco y toma un pequeño sorbo de él. La bebida le satura la lengua con su exótica dulzura, y le calienta y relaja la garganta mientras la traga. Hay una suave y agradable sensación de hormigueo, y una risilla tonta sale de usted. Sonríe, cierra los ojos y se toma el elíxir restante.

Cuando abre los ojos, encuentra que todo a su alrededor es enorme. Usted está empequeñecido junto a la mesa. Parado en la base de una de sus patas, parece que estuviera junto a un gigante roble. No hay forma de que alcance la superficie de la mesa. Luego se da cuenta de que ha reducido de tamaño.

Se dirige hacia la única puerta pequeña en esta cámara. Cuando la abre entra a un camino que lo guía a escenas de la niñez, como un museo experimental. Se ve en diferentes escenarios infantiles mientras camina por este sendero, recordando y reconectándose con esas partes de su ser.

Recuerda cómo era ser más pequeño que todos los demás. Ve a los adultos caminando a su alrededor como gigantes. Recuerda cuán extraño y diferente se sentía de todo el mundo. Ve su alcoba y su antigua escuela, y recuerda cómo era llegar a un nuevo lugar y lo grande que se veía todo en ese tiempo.

Siéntalo y experiméntelo; recuerde cómo era ser pequeño, ser un niño. Verá las cosas con los ojos de un infante y lo experimentará todo desde la perspectiva física de él, pero aún tendrá su mente adulta para mantenerse seguro, relajado y equilibrado.

Puede revivir una o dos experiencias de la infancia. Mientras recuerda cómo era ser pequeño, llega al final del camino, donde hay una gran puerta con una manija demasiado alta para usted. Junto a la puerta hay una mesa de su tamaño. En el centro de ésta yace un pequeño pastel con una tarjeta frente a él que dice "cómeme".

Usted come un bocado y siente un viento a su alrededor. Cierra los ojos y termina de ingerir el pastel. Su cuerpo siente un hormigueo agradable, y puede sentir que se estira y crece. Abre los ojos y ve que ha recobrado su tamaño normal.

Ahora ríe y mira atrás el camino por el que había pasado. Ahora todo parece tan pequeño. Su habitación y escuela realmente no eran tan grandes; era su percepción en ese tiempo. Los adultos lucen más pequeños y menos extraños para usted.

5. Ahora respira profundamente, relajándose, abre la puerta y pasa. Deja cerrados los ojos mientras el escenario empieza a disiparse lentamente. Se está sintiendo relajado y equilibrado, pero es muy consciente de cómo se siente ser pequeño una vez más. Sabe que nunca olvidará esto, y que podrá hacer que se sientan mejor quienes estén en tal posición.

Capítulo 7

Técnicas para realizar lecturas psicométricas

Desarrollar la psicometría no lo capacita para hacer lecturas psíquicas o consultas profesionales. Hay muchas aplicaciones para el uso personal de esta capacidad en la vida cotidiana. He estado involucrado en el campo metafísico y psíquico durante más de 25 años. En ese tiempo he conocido maravillosos consejeros psíquicos. También he encontrado algunos totalmente ineptos.

¿Cómo ver la diferencia? No siempre es fácil. Cualquiera puede llegar a dar información psíquica/intuitiva. Esto por sí solo de ningún modo califica a alguien para ser consejero de otras personas. Al igual, y aun más importante, es la manera en que el mensaje es comunicado. ¿Es útil y edificante? ¿Es decepcionante? ¿Implica una falta de libre albedrío? ¿Ayuda a resolver asuntos de forma productiva?

Estas son sólo algunas de las muchas preguntas que debemos hacernos cuando estemos involucrados en una sesión de consejería psíquica —como consultores o como lectores—.

Más adelante en este capítulo veremos pautas para probarnos a nosotros mismos o a quienes visitamos.

En los últimos siete u ocho años ha habido una enorme afluencia en este campo. Muchos sólo han leído unos pocos libros y/o asistido a algunos seminarios sobre el tema, asumiendo luego que esto los califica para usar sus capacidades psíquicas profesional en forma pública. Por desgracia, a menudo esto perjudica a otros profesionales más idóneos en este campo.

En la actualidad existe más conocimiento del funcionamiento de la naturaleza y la mente humana que en cualquier otra época de la historia. Estamos penetrando en los misterios del universo que anteriormente estaban ocultos. Comprendemos más la estructura psíquica de la mente humana en formas nunca antes entendidas. Hoy día es mayor el conocimiento de cada aspecto de la humanidad.

En tiempos antiguos, el conocimiento místico y metafísico estaba escondido del público en general. La activación y el uso de niveles de conciencia superiores eran dirigidos por un maestro. Ahora este conocimiento está más disponible. Por tal razón, también hay mayor responsabilidad. Gracias a la importante información al servicio de todos, la humanidad no necesita un maestro para abrir las puertas a otras dimensiones y niveles de conciencia.

Sin embargo, la responsabilidad es igual. El estudiante debe lograr por sí mismo las condiciones necesarias para una conciencia superior desarrollada. Esto requiere mucho tiempo, energía y esfuerzo, además de una búsqueda auténtica y el uso del conocimiento. Se necesita una mayor profundidad en el estudio de todas las ciencias espirituales. Debe haber una prueba completa e independiente por parte del individuo. Esto incluye la capacidad de sacar correspondencias y ver relaciones, además de la habilidad de discernir y distinguir la verdad de las medias verdades y las ilusiones de la realidad. Implica poder tomar la información psíquica y aplicarla productiva y creativamente para nosotros mismos y otras personas. Entre más capacitados estemos, más eficaces seremos como consejeros si decidimos trabajar en este campo.

Este proceso consume tiempo, y vivimos en una sociedad de "comidas rápidas". Pocos están dispuestos a emplear la cantidad de tiempo, energía y preparación que se requiere para ser un consejero psíquico idóneo.

Pero muchos "psíquicos" creen que entrar en el campo profesional los adelanta en el camino espiritual de la vida. Este es un concepto erróneo extendido en toda la comunidad metafísica. Hay una suposición subyacente de que si no trabajamos activamente en el campo metafísico, no podremos avanzar a nivel espiritual.

Los dos senderos no van de la mano. En realidad, es más probable que saltar a la arena pública muy pronto retrase nuestro progreso, dándonos con el tiempo algunas duras lecciones. Muchos creen que no avanzan si no demuestran en público sus capacidades psíquicas. Como resultado, ahora hay una preponderancia de individuos tratando de enseñar y trabajar en este campo sin el conocimiento ni la experiencia que se requiere. Esto crea problemas para sí mismos y los que acuden a ellos por ayuda.

Los problemas más evidentes ocurren en el campo físico y financiero. La salud del cuerpo, la mente y/o el espíritu se deteriorará. Las dificultades económicas surgirán y aumentarán. La vida se vuelve cada vez más complicada y difícil de manejar. El estrés es mayor, mientras disminuye la capacidad de la persona para manejarlo eficazmente. Si estamos mal preparados, estos problemas podrían manifiestan en tres a siete años. He visto a muchas personas "explicar espiritualmente" estas condiciones como parte de su propia iniciación superior, en lugar de aceptar la realidad, una falta de preparación.

Pero siempre hay quienes sólo buscan abrir un consultorio. Para algunos de ellos, es una forma de decirse a sí mismos y a sus amigos, "véanme, soy especial". Para otros, es una manera de darle atractivo a lo que perciben como vidas aburridas e improductivas. Algunos incluso desean afirmar su espiritualidad ante el mundo.

A menudo quienes tienen poco conocimiento, los psíquicos aficionados, creen que están en control y en realidad no es así. La fantasía descontrolada es un término que se aplica a muchos que han entrado al campo metafísico en tiempos recientes sin la adecuada preparación. Esta es la capacidad de distinguir la ilusión de la realidad.

Todos debemos perseguir nuestros sueños, pero hacerlo sin preparación será catastrófico. Las impresiones psíquicas, visiones, canalizaciones y percepciones pueden no ser nada más que una fantasía descontrolada, una manifestación de la imaginación para fortalecer el ego.

No profundizar lo suficiente, aceptar ciegamente sin probar, y no ser objetivo en el proceso de auto-observación, puede conducir a una fantasía descontrolada. Lo que aparece como una percepción espiritual, tal vez es sólo una fabricación fantasiosa para verificar lo que ya sabemos, o justificar nuestros propios pensamientos o acciones.

La imaginación creativa es importante para liberar nuestro potencial superior, pero debe ser controlada. A veces la diferencia entre ella y la fantasía descontrolada es difícil de detectar. Por eso es esencial la auto-observación continua y la preparación a profundidad. Es fácil perjudicar la vida de otra persona, sin mencionar la nuestra.

No hay un método rápido y fácil en el camino espiritual. Incluso el sendero de nuestros sueños requiere esfuerzo persistente, tiempo y energía. Los sueños no pueden ser cumplidos con sólo la clarividencia o demostraciones de poder psíquico. "Lo psíquico no siempre es espiritual. Lo oculto o metafísico no siempre es edificante, y lo atractivo no siempre es útil para nosotros".[11] A través de los años he visto muchas personas que han sido presa de esta particular expresión de fantasía descontrolada. Tienen la visión de trabajar en el campo psíquico y encuentran que sus esfuerzos están bloqueados, llenos de inconvenientes económicos y espirituales. Con frecuencia, estos problemas se presentan porque el individuo(s) involucrado estaba mal preparado para iniciarse en este campo, trató de hacer demasiado muy pronto (esperando buenos resultados sin esfuerzo) o sin persistencia.

---

11. **Andrews, Ted:** *Imagick.* Llewellyn Publications, St. Paul, 1989.

Muchas de estas personas han renunciado por completo, perplejas por haber sido llevadas a conclusiones erróneas por sus visiones. Tal vez estas visiones y sueños eran verdaderos, pero para que éstos se manifiesten debe haber un adecuado desarrollo, preparación y persistencia en todos los niveles.

Muchos opinan que yo obtengo buenos resultados con facilidad. En realidad no es así. Esa es la impresión del observador externo. He estudiado y trabajado en forma consistente por más de 25 años. Antes de cumplir los 15 años ya era un aficionado del campo psíquico, y desde allí empecé a explorarlo a profundidad. Esto requirió más tiempo y esfuerzo, ya que en ese tiempo no había mucha información disponible. Gran parte de este proceso de muchos años se realizó en forma de ensayo y error.

También tengo estudios que incluyen literatura antigua y lingüística. Esto me ubicó en una posición para estudiar y explorar enseñanzas de otras épocas y lugares. Trabajé tiempo completo como maestro y consejero durante 10 años. Entre más profunda sea la instrucción, en cualquier nivel, mayor será el potencial para ser una persona creativa física, emocional, mental, psíquica y espiritualmente. El aprendizaje nunca acaba. La preparación y el desarrollo son continuos.

Un consejero psíquico es el que puede procesar y aplicar la información en nuevas formas. En forma intuitiva verá las posibilidades para transformar experiencias y datos ordinarios en nuevas creaciones. Se ayudará a sí mismo y a otras personas a ver las posibilidades creativas en las situaciones de la vida, sin importar lo penosas que puedan ser.

Es importante siempre recordar que demostrar la capacidad psíquica sin la apropiada comprensión de cómo aplicar ese conocimiento en forma benéfica, hace que dicha capacidad sea impotente. Sólo por esta razón, la preparación como consejero siempre es recomendable para quien va a trabajar públicamente. Esta formación puede ser lograda de diversas formas:

- Asista a cursos de psicología y consejería en una universidad local.

- Si no tiene los medios económicos para estudiar, vaya como asistente. De todos modos aprenderá, pero no tendrá certificación.

- Tome clases de oratoria, de comunicación, etc. Aprenda a hablar en público.

- Ofrézcase de voluntario en instituciones de ayuda locales, brindando apoyo e información por teléfono. Es una maravillosa experiencia para desarrollar flexibilidad en la comunicación con una más amplia variedad de personas. Deberá ajustar su estilo al hablar.

- Si está pensando en ser profesional en este campo, trabaje regularmente en eventos o ferias relacionadas haciendo lecturas cortas. Estas actividades lo fuerzan a cambiar de una persona a otra con rapidez, para que desarrolle la capacidad de activar y desactivar su intuición psíquica a voluntad. También entra en contacto con una mayor variedad de personas y así aprenderá a ajustar su enfoque. Además, este proceso fortalece su capacidad de conectarse y desconectarse de otras personas, y aumenta su propia energía para que sea menos agotador hacer las lecturas. Los eventos de carácter psíquico pueden ser un maravilloso medio de preparación. Nunca se ganará la vida en ellos, pero abren puertas y brindan oportunidades de desarrollo.

A través de los años he visto a muchos aspirantes a psíquicos intentando "ser" antes de haber aprendido a "volverse". Con el tiempo esto los hace tropezar, creando un desequilibrio para sí mismos y a menudo para otros. El conocimiento psíquico es inútil si no está integrado en la vida de manera balanceada y creativa. Por eso el proceso de "volverse" es tan crítico para el estudiante espiritual/psíquico. A través de él aprendemos a integrar todos los niveles de nuestra vida.

Esto es parte de la tarea de las antiguas escuelas de misterio. Por eso a menudo se requería el silencio en los primeros años de su estudio concentrado. Enseñaban que la realización de nuestros deberes diarios de forma creativa era lo que nos impulsaba a lo largo del camino. No es la demostración de la capacidad psíquica o el aprendizaje en libros lo que activa nuestro potencial. De hecho, esto puede dificultarnos las cosas en los primeros años de desarrollo. En lugar de concentrar y enfocar esa nueva energía, muchos la disipan usándola para "enseñar" o "ser psíquicos" en forma prematura. La necesidad o deseo de "estar a la vanguardia" puede obstaculizar el camino de nuestro mayor bien.

A través de las pruebas cotidianas empezamos a activar nuestro potencial latente. Para muchos, esto sólo será abrir a diario el corazón de las personas que tocan con una sonrisa, una palabra amable o el cumplimiento de deberes. Podemos no demostrar nuestro conocimiento externamente o recibir la atención que otros reciben, pero esto no implica que estemos menos desarrollados en este campo. Puede indicar que no necesitamos aprender a estar a la vanguardia. Tal vez tenemos otras lecciones más esenciales para el crecimiento de nuestra alma.

Para muchos, la búsqueda en el camino de la vida tomará forma trabajando y enseñando en los campos metafísico y espiritual como los conocemos en la actualidad. Para otros, sólo radicará en vivir la vida cotidiana de manera creativa y productiva. Esto incluye usar los potenciales internos, tales como la psicometría, para ser una influencia positiva en la vida de quienes tocan.

Un propósito del desarrollo psíquico es abrir nuevas percepciones para ver más allá de las limitaciones físicas. Esto nos ayuda a aprender posibilidades creativas que existen en las limitaciones mientras las trascendemos. También nos ayuda a restaurar la maravilla y el poder de lo Divino y la vida. En lugar de buscar una luz que brille sobre nosotros, nos damos cuenta que la luz puede brillar desde el interior de nuestro ser.

Consejos para recibir una lectura psíquica

La mayoría de personas que dan consejos a nivel psíquico han vivido el proceso por sí mismas. Usualmente han tenido lecturas buenas y malas. Quien vaya a consultar un consejero psíquico o médium, hay aspectos importantes que debe tener en cuenta. Éstos deben ser revisados y considerados antes de contactarse con el psíquico, y usados después para evaluar la experiencia en forma objetiva.

1. Escoja el psíquico con cuidado. Pida recomendaciones de amigos y colegas, pero también tenga en cuenta que el nivel de empatía con el psíquico variará. Al comienzo, o si necesita confirmación adicional, visite más de uno y compare.

2. Los eventos de carácter psíquico pueden ser una maravillosa forma de encontrar personas con las que se puede trabajar en este campo. Gastará poco dinero y podrá obtener una muestra real de varios lectores y métodos. Las ferias psíquicas son usadas para introducir gente a las lecturas. Están destinadas a ser divertidas y entretenidas. Con frecuencia son terreno de preparación para psíquicos en formación. No son sitios para resolver asuntos importantes en nuestra vida. También son lugares propicios para obtener referencias personales.

3. En un comienzo, evite las líneas psíquicas por teléfono. Son mejores las consultas en persona. De esta forma puede evaluar más eficazmente las credenciales y capacidades del psíquico. Debido a que en la mayoría de

servicios por línea telefónica hay que pagar por minuto, no es un buen momento para obtener referencias.

4. Sepa de antemano qué método(s) usa el psíquico. Usted tiene la libertad de examinar varios para decidir cuál prefiere.

5. Siempre pida referencias. No tema preguntar al psíquico cuánto tiempo ha estado practicando. Si éste parece ofenderse o lo hace sentir mal de algún modo por haber preguntado, es una clara indicación de que algo anda mal. Pregúntele cuáles son sus especialidades, qué puede esperar de la lectura y qué tan precisa será. También indague acerca de los estudios realizados por el psíquico. Entre más información obtenga, más fácil será evaluar la legitimidad de esta persona.

6. Pregunte de antemano por los honorarios del psíquico. Un precio mayor no hace que una persona sea mejor en este campo. Asegúrese de que al final se sienta bien con lo que pagó. Tenga cuidado de personas que cobran exageradamente. No hay nada malo con poner un precio equitativo, pero de ningún modo indica la capacidad del psíquico.

Los lectores que socializan demasiado durante la lectura se aprovechan de su buena fe. Si paga por media hora, todo este tiempo debe ser empleado en el trabajo psíquico.

7. Tenga cuidado de psíquicos que inflan su ego con fantásticas vidas pasadas, promesas y predicciones exóticas. *Levántese inmediatamente y márchese si el lector*

predice una muerte o algo similar. El alma es la única que
sabe cuándo dejará su vida física. Hasta ese momento
hay libre albedrío. Un psíquico que hable de esto puede
con facilidad sembrar una semilla cuya energía puede
ayudar a manifestarlo.

Cuando una persona se acerca a esa transición llamada
muerte, hay ciertas señales que lo indicarán. Un buen
consejero psíquico presentará la información de una
manera que no asuste al individuo y lo ayude a prepa-
rarse para todas las posibilidades. Si el lector no puede
hacer esto, no tiene caso que sea consejero.

8. Sea cauteloso con psíquicos que afirman que pueden
   eliminar sus problemas y resolver sus asuntos, aliviar
   su lado oscuro o liberarlo de "malos espíritus" con técnicas psíquicas y esotéricas. Lo único que será elimi-
   nado es el dinero de su billetera o cartera.

9. No consulte a un psíquico con demasiada frecuencia.
   Tenga mucho cuidado de aquellos que dan la información con rodeos para hacerlo regresar. En mi preactica,
   rara vez veo a un cliente con una frecuencia mayor a
   10-12 meses. En términos generales no hay suficientes
   cambios para garantizar una lectura completa antes de
   ese tiempo. Yo advierto a mis consultantes que si surge
   algo importante, lo trataré por vía telefónica (sin cargo
   adicional).

   Consultar a un psíquico con frecuencia es una forma
   de evadir responsabilidad. Le permitimos al psíquico
   que dirija nuestra vida en lugar de vivirla nosotros

mismos. No hay razón para consultar un psíquico cada semana o mes o por todas las inquietudes que surgen.

10. Sea escéptico de quienes sólo dan datos negativos o con regularidad le hacen preguntas en lugar de brindar información. Algunos psíquicos también ocupan gran parte del tiempo del consultante hablando de sus éxitos psíquicos con otros clientes. Algunos tienen la tendencia a dar poca información. Recuerde que usted está pagando por sus servicios; asegúrese de que el gasto sea retribuido.

Rara vez hago preguntas durante mis lecturas. No busco confirmación ni probarme a mí mismo frente al consultante a lo largo de la lectura. Algunos psíquicos utilizan eesta práctica para asegurar que sus clientes queden impresionados.

11. Tenga en cuenta la salud y vitalidad del lector. Si nota problemas de salud, esto coloreará la información que surge. Algunos psíquicos lucen como si hubieran estado mirando fijamente una bola de cristal demasiado tiempo.

12. Es de vital importancia recordar que está adoptando una posición receptiva. En tal situación está más abierto a ser influenciado. No necesita ser escéptico y probar al psíquico a lo largo de la sesión, pero no acepte todo como es expuesto. Recuerde que a fin de cuentas nadie lo conoce mejor que usted mismo, sin importar la reputación o credenciales que tenga el psíquico.

13. No tema hacer preguntas. Entre más específica sea su pregunta, debe esperar una respuesta más precisa. Si

algo no tiene sentido, archívelo. No tiene que expresar escepticismo continuamente ni ser antagónico, pero es bueno un optimismo prudente.

14. Examine sus necesidades y motivos para consultar a un psíquico. ¿Está buscando una solución rápida o que alguien le diga qué hacer con su vida? ¿Busca una manera de evadir responsabilidades? ¿Pretende desacreditar al psíquico? ¿Está buscando números de suerte e información similar para obtener riqueza inmediata? ¿Busca la solución de un psíquico cuando tal vez necesita la ayuda y dirección de un terapeuta? ¿Busca discernimiento para llevar a cabo la acción(es) más apropiada para su vida?

15. No fuerce las impresiones del psíquico para que se ajusten a las circunstancias de su vida. Si da al psíquico una posible explicación para su impresión y lo encuentra cambiando constantemente para que se ajuste a lo que usted ha dicho, deben sonar campanas de advertencia.

Habrá información que parece no tener conexión con nada en su vida. No la acepte ciegamente ni la invalide inmediatamente. Archívela por el momento. Con el tiempo, probará o no ser cierta. Psíquicos de buena reputación harán la interpretación para usted.

Nada me irrita más que oír a un psíquico decirle a alguien algo como: "veo esta hermosa nube plateada formándose a su alrededor. ¿Sabe con qué se relaciona esto?" Luego, cuando se le da un posible punto de referencia, se guía por él. Un buen psíquico rara vez necesitará datos para interpretar los símbolos e impresiones que recibe.

Es esencial aplicar el sentido común al realizar una lectura o al llevar a cabo una consulta psíquica. Busque la ayuda de un psíquico cuando esté relajado y sin perturbaciones. Si este no es el caso, trate de tranquilizar su mente. Entre más relajado esté, más fácil será para el psíquico sintonizarse con usted.

Deje que el consejero psíquico proceda a su manera. No espere que su primer problema sea tratado y resuelto en seguida. Cada psíquico tiene su propia forma de proceder. Evite comparar psíquicos durante una lectura. No le diga a uno lo que otro le dijo.

No confunda a su lector. Un buen psíquico rara vez querrá o necesitará ayuda. Siempre es útil hacerle saber cuándo está en lo correcto. El escepticismo y el debate conducirán al fracaso.

No niegue demasiado rápido algo que le es informado. Tal vez usted no lo entiende en ese momento, pero el psíquico podría aclararlo más específicamente.

Un psíquico de buena reputación hará posibles predicciones, pero usted siempre tendrá libre albedrío. Sus propias acciones u omisiones manifestarán ciertas condiciones. Un buen psíquico lo ayudará a ver esas posibles opciones o direcciones. Una lectura psíquica no es adivinación.

Con un psíquico auténtico y de buena reputación, la información presentada irá más allá de lo obtenido en los límites naturales de la vida. El lector presentará información o sucesos con los cuales usted se puede asociar. ¿La información se aplica a su vida? ¿Es inconsistente con otras cosas mencionadas por el psíquico o sólo diferente? ¿El lector habla sólo generalidades o le da datos específicos? Durante mis consultas, empiezo con un esbozo general y luego sigo con aspectos específicos, pero incluso la información general ocupará el 90-95 por ciento del tiempo. Recuerde que cada psíquico trabaja de manera diferente.

En ocasiones habrá contradicciones. Conozco psíquicos que siempre afirman tener la visión completa de las cosas. Un registro a largo plazo de un psíquico, es un factor más significativo que una contradicción a corto plazo con otro psíquico. Recuerde que un buen consejero psíquico le ayudará a ver los asuntos importantes de su vida con mayor claridad y a entender las repercusiones e implicaciones de diversas direcciones abiertas a usted.

La mayoría de psíquicos tienen días en que pueden no estar tan "inspirados" como es usual. Esto debe ser considerado. A menudo es un punto subjetivo. Como parte de mis lecturas, doy un pronóstico anual, un vistazo de posibilidades mes por mes de lo que el consultante puede esperar. En este pronóstico suelo mencionar datos específicos y su significado para la persona. Ha habido ocasiones en que pensé que no estaba inspirado en lo absoluto con los datos, pero nunca cambió lo que he revelado ni busco formas de explicar las cosas si no resultan. Es normal sentir que como psíquico, a veces no tiene éxito en la lectura, pero luego ser informado por el consultante que su presición fue cerca de un 100 por ciento.

Los psíquicos también son humanos. El estrés cotidiano, los factores emocionales, las dieta, las enfermedades, el alcohol y las drogas afectan la capacidad de un psíquico para lograr altos estándares. Todo el mundo es susceptible a tener días malos; los psíquicos no son la excepción.

Siempre debe salir con energía de una buena sesión psíquica. Debería sentirse positivo y con más control. Sin reparar en los asuntos de su vida, la idea es que se sienta mejor para manejarlos. Una buena sesión de consejería psíquica siempre es curativa.

Pautas básicas de consejería

La siguiente sección no lo convertirá en un consejero consumado, pero si puede ayudarlo a ser un poco más eficaz con sus consultas psíquicas. Esta es una combinación de diversas herramientas de comunicación que le darán una mayor capacidad para prestar un mejor servicio a sus consultantes. De nuevo, le recomiendo en forma especial que si está haciendo consultas psíquicas profesionales, realice estudios formales de comunicación interpersonal y consejería. Todos podemos trabajar por mejorar nuestras técnicas de dar ayuda a quienes acuden a nosotros por información.

Cuando empecé a enseñar, tuve la fortuna de ser parte de un programa innovador que incluía estudiantes de secundaria que habían sido rechazados o expulsados de sus respectivas escuelas. De muchas formas tenían una situación desventajosa —social y económica—. Nuestra tarea era emplear educación remedial para que pudieran reingresar a sus escuelas tradicionales, o brindar formación vocacional para que al menos tuvieran la capacidad de trabajar. Sin duda alguna, había muchos problemas de disciplina.

Los maestros vocacionales tienen poco conocimiento en técnicas de educación. Debido a que durante gran parte de sus vidas han estado ligados a la fuerza laboral, han tenido poca preparación formal en enseñanza o disciplina en un salón de clase. Para ayudarlos combiné un pequeño manual y talleres en nuestro centro, para aprender a inculcar y restaurar la disciplina en el salón de clase. Las técnicas se basaban en simples y efectivas habilidades de comunicación y consejería que cualquiera podía aplicar con éxito con poco esfuerzo y paciencia.

Las técnicas que ellos aprendieron las debe conocer y aplicar quien piense presentarse al público como consejero de algún tipo. Parte de lo que sigue a continuación incluye la estructura de esas mismas técnicas que presenté a los instructores del centro. Son tan efectivas ahora como en ese tiempo, y tienen aplicación en cualquier campo de comunicación interpersonal.

Las siguientes pautas obtienen mejores resultados cuando se usan en conjunto. No tenemos que ser perfectos en todas ellas; nadie lo será. Sin embargo, podemos trabajar por un objetivo de aplicación perfeccionada. Al menos es bueno revisarlas periódicamente y preguntarnos qué tan eficaces somos al aplicarlas.

Tenga expectativas claras: Infórmele a sus clientes lo que pueden o no esperar de su consulta. Ofrezca sus credenciales y esté preparado para presentar referencias. Si duda en compartir su educación, hará que el consultante también dude en confiar en usted.

Informe sobre los costos y el tiempo empleado. Sea consistente con los honorarios. Si cobra un precio a una persona y uno diferente a otra, esto será divulgado. Si pone un precio fijo, asegúrese de que sea razonable y justo para usted. Los honorarios exorbitantes son un abuso, y de ningún modo indican la calidad de la consulta que se recibirá.

Infórmeles de antemano a sus consultante si pueden ser atendidos. Hágales saber todo lo que necesitarán para experimentar una sesión de consejería psíquica agradable y beneficiosa. Asegúrese de que sepan qué clase de consulta llevará a cabo.

Un aspecto importante al definir sus expectativas es no tener sorpresas para los consultantes. Muchos psíquicos todavía usan un gran número de accesorios: el cuarto oscuro, una bola de cristal, incienso que sofoca, trajes exóticos y ridículos, y cosas similares. Con este ambiente teatral a menudo inquietará a sus clientes y no hará nada para mejorar su reputación. Sólo logrará que las personas se sientan incómodas.

Haga que el ambiente de su lugar de trabajo sea acogedor. Esto le da un tono de profesionalismo y sofisticación que hará sentir mejor al consultante, lo que a su vez facilita su propia intuición.

Sea consistente: Trate a todos con igual respeto y consideración. Aunque nunca encontrará dos casos iguales, debe emplear el mismo formato y comportamiento con todas las personas usando lo mejor de su capacidad.

Esto se aplica en especial al tiempo y la energía que empleará en sus consultas. Si la lectura va a ser de media hora, asegúrese de que así sea. Trate siempre de emplear el tiempo designado. Si tiene otros consultantes esperando, es injusto para ellos que se retrasen sólo porque usted prolongó la consulta con otra persona. Sí, esto sucede a veces, pero programe las consultas bien para que pueda eliminar en lo posible tal inconveniente. Yo siempre dejo un intervalo de 15 minutos entre el fin de una sesión y el inicio de la siguiente. Esto da tiempo extra para circunstancias inusuales que pueden surgir en una consulta, o para la llegada tarde ocasional.

También asegúrese de que sus consultantes sepan que usted se ajusta lo más cerca posible al tiempo programado. Si llegan tarde, no es justo retrasar la consulta del siguiente consultante. Si ellos saben esto y que usted se aferrará a lo programado, ellos también respetarán su tiempo.

De vez en cuando encontrará personas angustiadas que requerirán más tiempo y energía. No las apure debido a que hay un consultante más esperando. Esté preparado para cambiar su horario en forma flexible, ya que encontrará personas tristes y desesperadas que requerirán más tiempo y energía.

Respete la individualidad del cliente: Hable con ellos, no los reprenda, avergüence o critique. Diríjalos y déles sugerencias. Deje que hagan preguntas. Recuerde que deben vivir sus propias vidas. Usted no puede hacerlo por ellos. A fin de cuentas, las consecuencias de sus acciones y conductas —buenas, malas o indiferentes— caerán sólo en sus hombros. Ayúdelos a comprender esto con claridad.

Si trabaja como consultor psíquico profesional, se está ubicando en una posición de gran responsabilidad. También pierde algunos de sus propios derechos. Usted, obviamente, no puede llegar tarde a sus citas. Nunca debe ser rudo, impaciente o crítico, sin importar quién sea el consultante. Encontrará una gran variedad de personas; con algunas congeniará, con otras no.

Aprenda a desarrollar la objetividad. Deje a un lado sus propias opiniones y juicios personales. No es fácil que se concentre un 100 por ciento en los demás sin pensar en sí mismo en consultas con algunas personas. Pero si realmente quiere ser profesional y desarrollar un alto grado de precisión, debe cultivar un enfoque objetivo al tratar con la gente día tras día.

Todas las situaciones tienen elecciones y opciones: Siempre hay elecciones y opciones disponibles. Lo que recibe en forma intuitiva no es definitivo ni está predestinado. La mayoría de los consultantes sólo necesitan ver y entender las posibilidades para que puedan hacer elecciones apropiadas. Parte de su trabajo es intuir esas posibilidades y presentarlas.

La vida involucra elecciones. Con la elección del consultante, éste crea o ayuda a manifestar ciertas situaciones —buenas o malas—. Ayúdelo a ver las opciones, las alternativas y consecuencias de sus decisiones.

Un consultante siempre debe concluir la sesión más positivo y energizado que al comienzo. Debe estar en una mejor posición para manejar la vida y todas sus situaciones. Recuerde, su tarea es dar un pronóstico lo más razonable y preciso posible, y no expresar opiniones personales.

Si un consultante lo presiona, recuérdele que usted no es un terapeuta profesional y por eso su opinión es sólo su opinión, sin más peso que la de alguien más. Tenga presente que como psíquico, cualquier cosa que diga a una persona acerca de algo, va a cobrar gran importancia para ella —sea o no información esencial—.

Use la motivación o sugerencia: Su tarea no es guiar la vida o tomar decisiones para su consultante. Presentar la información de manera estimulante y sugestiva, es más edificante para la vida de la persona. A fin de cuentas, la responsabilidad por la vida del consultante está en sus propias manos. Todo lo que usted hace es guiar y sugerir.

No interfiera en el libre albedrío de la persona. Las elecciones y acciones son decisión personal del consultante. Opóngase a decirle qué hacer. Sugiera, insinúe, guíe e indique posibles repercusiones de las diferentes acciones, pero deje que la elección final sea de la persona. Esto la estimula y muestra un respeto por su propia capacidad para manejar la vida de una forma aún más eficaz

Siempre hay más de una forma de realizar tareas y resolver situaciones. Algunas pueden ser más fáciles que otras. Hágale saber al consultante cuáles son sus elecciones. Dé las sugerencias para la resolución y el razonamiento que las sustenta, pero deje que la decisión la tome el consultante. Déle la oportunidad de hacer sus elecciones, incluso si esto implica cometer algunos errores. A veces las personas sólo aprenden y crecen de la manera difícil. La experiencia puede ser una buena maestra.

Cultive un buen sentido del humor: Muchos consultantes acudirán a usted con situaciones trágicas. Es fácil asumir la responsabilidad de sus problemas. Un buen sentido del humor ayudará a prevenir esto.

No tema reírse con el consultante. Las consultas privadas pueden ser serias, pero ver el humor y la ironía de las situaciones es muy alentador. Una buena risa (no a costa del consultante) es saludable para el cuerpo y la mente.

Su humor no debe convertirse en una burla de algo sagrado para el consultante o sus defectos. Si bromea con la persona, asegúrese de que sepa que está bromeando. La broma no debe parecer una crítica del comportamiento del consultante.

Use la técnica del sándwich: Comience con los aspectos positivos de su consultante y las situaciones de su vida. De este modo, será más fácil que acepte información no tan positiva. Esto también refuerza su autoestima y lo hace sentir más a gusto con usted.

Discuta los problemas o aquellas áreas que necesitan ser mejoradas. Exponga lo que ve o siente, pero no se enfoque en lo que usted haría si estuviera en tal posición. Usted no lo está. Presente opciones, elecciones y posibles eventos resultantes de las elecciones hechas. Deje que el consultante concluya con sus propias apreciaciones.

Termine siempre con una nota positiva. Sin importar qué tan difícil es la situación, la persona debe saber que hay oportunidades y opciones positivas. Como consejero psíquico, su tarea es ayudarla en este aspecto.

Usando esta técnica aumentará lo positivo y minimizará lo negativo. Si el consultante cree que usted puede ver beneficios en él/ella o la situación y su resultado, empezará a actuar de acuerdo a esa creencia.

No significa que lo negativo debería ser evitado o no revelado, pero empezando con el reconocimiento de las cualidades y características únicas de la persona, y luego haciendo sugerencias que el consultante pueda entender y llevar a cabo, contribuirá a su crecimiento y no a otra desilusión.

Sea discreto: El tacto, la diplomacia y la gracia son a veces difíciles de desarrollar. Gran parte de esto se logra con la experiencia. Entre más trabajemos con personas, más fácil será encontrar nuestro estilo que sea más efectivo para situaciones difíciles o problemas en la vida de una persona.

Sea discreto al dar a conocer información negativa que lo ha impresionado. Recuerde que siempre existe la posibilidad de que esté equivocado o interprete sus impresiones de manera incorrecta. Es muy fácil influenciar a alguien de forma perjudicial sin darnos cuenta. Sea moderado.

Ninguna lectura es perfecta: Algunas pueden ser muy precisas, pero siempre hay espacio para mejorar. No siempre recibiremos respuesta. A veces la única forma de saber qué tan exactos somos, es que la persona regrese por otra consulta o atender otros consultantes por medio de recomendaciones.

Siempre tenga presente la posibilidad de mejorar. ¿Cómo podrían ser mejoradas sus lecturas? ¿Qué podría hacer para hacer las consultas más precisas o beneficiosas para el consultante? ¿Qué podría hacer para ayudar al consultante a sentirse más capacitado para manejar sus asuntos?

Por lo general no es buena idea repetir una y otra vez las lecturas. Cuando esto ocurre hay una tendencia a mantenerse atado a la persona o adoptar sus problemas. Por otra parte, es bueno revisar periódicamente una o dos consultas. ¿Pudo haber expresado algo mejor? ¿Pudo haber dicho o hecho algo en la lectura en forma más eficaz?

La calidad de sus sesiones variará. A veces el consultante será fácil de leer, otras, muy difícil. Tendrá días buenos y días malos. No fuerce las cosas en esos días difíciles. Siempre es mejor no hacer la lectura que hacerla mal o incluso regular. Aunque no reciba respuestas de sesiones positivas que ha tenido, lo recibirá de las regulares. Si cree que no puede hacer un trabajo satisfactorio, dígalo. Explique las cosas al consultante para que no haga suposiciones acerca de sí mismo. La honestidad siempre es lo mejor, incluso en nuestros días malos.

Nunca dé por sentado las cosas: Nada es más frustrante para un consultante que el no poder entender. No presuma que la persona comprenderá los símbolos e imágenes que usted ha captado. Tampoco espere que interprete el símbolo por usted. Todavía oigo de lectores que dicen al consultante cosas tales como, "veo un gran castillo blanco siendo construido. ¿Sabe qué significa esto?". Recuerde, su subconsciente lo carga con las imágenes acerca del consultante. Usted es el único que puede interpretarlo en forma apropiada.

Sin importar qué tan evidente parezca una situación para usted, no dé por sentado que el consultante puede entenderlo. Pregúntele. Si hay vacilación o cualquier otra indicación de no comprensión, explique las cosas una vez más. A veces tendrá que decir lo mismo de tres o cuatro maneras para que el mensaje sea entendido.

Haga todas las explicaciones sencillas y básicas. Dé ejemplos que el cliente pueda relacionar.

Mantenga el acceso a recomendaciones y recursos externos: Si trabaja a nivel profesional, habrá personas que acudirán a usted buscando soluciones simples a situaciones que no pueden ser resueltas rápida y fácilmente. Estarán buscando información psíquica cuando en realidad es algo más lo que necesitan.

Como profesional responsable debe reconocer este tipo de situaciones. Puede tener fuertes opiniones acerca de lo que debe ser hecho en casos tales como el abuso, por ejemplo, pero a menos que sea un consejero o terapeuta calificado en esta área, no debe profundizar en el problema. Quienes acuden a usted con estos graves problemas personales no necesitan información psíquica, sino terapia y consejo.

Estas personas pueden ser remitidas a fuentes apropiadas que están en una posición mucho mejor para ayudarlas. Use sus capacidades intuitivas para encontrar la mejor forma de dirigirlas a la agencia o profesional de la salud adecuado. Mantenga a la mano una lista de direcciones y números telefónicos de importantes grupos de apoyo, agencias sociales y terapeutas calificados para que haga una recomendación apropiada.

Si el consultante insiste en una lectura psíquica, use sus capacidades para presentar opciones que estimularán a la persona a recibir una terapia apropiada. Guiar la resolución con elecciones y acciones adecuadas, abrirá el camino a la curación de la mejor manera.

Desarrolle un compromiso objetivo: Este puede ser el paso más difícil de lograr. Como consejero psíquico, no es suficiente dar información psíquica. Debe ser comunicada de forma responsable y beneficiosa. Ya sea que lo desee o no, habrá compromiso en su trabajo.

El compromiso, en el sentido que lo estoy usando, es la capacidad de transmitir su empatía e interés al consultante —sin importar su problema o situación—. Esto significa que debe aceptar las condiciones de vida de la persona y en lo posible tratarla sin juzgarla.

El compromiso también implica escuchar, reconocer y usar no sólo las percepciones intuitivas e impresiones, sino todo lo que el consultante le comunica. Ponga atención a las expresiones faciales, movimientos corporales, entonaciones de la voz y otras formas de lenguaje silencioso. Y tenga en cuenta que a veces los consultante necesitan expresar sus sentimientos. Con frecuencia la simple expresión los ayuda a definir sus propios asuntos más claramente e inicia la curación.

El compromiso requiere responsabilidad. Usted es el extraño que investiga la vida de otra persona, pero también es un extraño que puede afectar intensamente la vida de alguien —para bien o para mal—. Sea agradable, y haga que el consultante sienta que está ahí para trabajar con él/ella o ayudar. Sea objetivo y cálido, para que el consejo psíquico sea más fácil y productivo para los dos.

Ejercicios

XXV: Examen con las manos

Como se mencionó antes, nuestras manos son herramientas maravillosas para sentir. En las palmas hay chakras secundarios que le permiten a las manos sentir energía sutil e incluso proyectarla. Cuando esta capacidad es aplicada para propósitos curativos, ha sido llamada con muchos nombres: el toque del rey, curación etérica, toque terapéutico, etc.

Realmente es fácil aprender a agudizar la sensibilidad de nuestras manos. El proceso se facilitará usando los métodos descritos anteriormente en este libro. Cuando nuestras manos se tornen más sensibles, podemos emplearlas para trabajos curativos. Pueden ser usadas para examinar energías corporales y transmitir energía a diferentes partes del cuerpo. Para nuestros propósitos, sólo veremos el proceso de evaluación. Para obtener información sobre proyección de energía a través de las manos, puede consultar dos de mis trabajos anteriores: *How to Heal with Color* y *The Healer's Manual*, (publicaciones sólo disponibles por medio de Llewellyn en el idioma inglés).

Evaluar o examinar una persona no es difícil. Sin embargo, tenga en cuenta que sólo profesionales de la salud pueden hacer diagnósticos. Los desequilibrios que persive no deben ser etiquetados, incluso si cree estar seguro de cuál es el problema. Use las manos para detectar cambios energéticos sutiles en el cuerpo y luego descríbalos. Si deben ser especificados, deje que la persona examinada lo haga. Por ejemplo, usted puede sentir un frío en el área del pecho. Esto podría hacerlo pensar que hay congestión, pero aun así no debe decirlo. Describa lo que siente a la persona. Si hay congestión o un frío, usualmente ella dará esa información de inmediato.

Usar las manos para examinar el cuerpo ha sido un método asociado con formas espirituales de curación. Pero, cuando mencionamos que hacemos curación espiritual, muchos creen que está relacionada sólo con la fe.

Usar las manos para examinar el cuerpo es una forma sencilla de determinar cómo es o se siente una persona en general. Esto puede tener connotaciones de tipo físico, emocional, mental y espiritual. Para ser eficaz, es necesario que estén relajados los dos, usted y la persona que va a ser examinada.

También asegúrese de que sus consultantes entienden el proceso. Practicar con un grupo constante de personas es una maravillosa forma de perfeccionar sus capacidades y recibir información inmediato para que pueda definir más fácilmente sus impresiones. Y nunca trabaje en este proceso, o cualquier forma de expresión psíquica cuando se encuentre enfermo o cansado.

Examinar el cuerpo le ayudará a sentir dónde están los desequilibrios en el campo energético de la persona. Estos desequilibrios pueden reflejar un problema de salud real, o simbolizar estados emocionales y mentales. Por ejemplo, podemos sentir algo diferente en el área de los riñones. Esto puede no indicar una disfunción renal. Debido a que estos órganos sirven para ayudar a filtrar la sangre, lo que sentimos con las manos tal vez señala la falta de discernimiento y discriminación de la persona.

Las impresiones captadas con las manos pueden tener diversas expresiones. Podemos detectar un cambio de temperatura (caliente o frío), o una diferencia al tacto (más presión o incluso suavidad). Ponga atención a los cambios que detecte o experimente. Ponga atención a lo que siente en su propio cuerpo mientras sus manos pasan sobre la persona que está examinando. Cualquier cambio o diferencia tendrá significado.

1. Siempre empiece centrándose. Haga una relajación progresiva o meditación antes de empezar.

2. Frótese las manos en forma rápida y con fuerza de 15 a 20 segundos para estimular los chakras en ellas. Incluso puede frotar aceite de sándalo, o cualquier otro aceite descrito con anterioridad, en las palmas para volverlas más sensibles.

3. La persona que va a ser examinada debe estar sentada, parada o reclinada frente a usted. Adopte la posición más cómoda para usted y la persona.

4. Empiece con el lado frontal de la persona. Póngale las manos sobre la cabeza, a una distancia de tres a seis pulgadas de la piel. En realidad no importa dónde empiece, pero parece más natural iniciar sobre la cabeza y terminar en los pies. Lentamente baje las manos por el cuerpo. Tome su tiempo en esto. Avance con lentitud en cada área, demorándose al menos 15-20 segundos en cada parte del cuerpo.

5. Ponga atención a lo que experimenta o imagina que experimenta. Mentalmente tome nota de estas percepciones, pero no hable de ellas en ese momento. Haga un registro mental y continúe. Examine todo el frente del cuerpo, y luego repita el proceso por detrás. De nuevo tome nota de las impresiones o diferencias entre un área del cuerpo y la siguiente.

6. Cuando haya examinado todo el cuerpo, revise de nuevo cualquier área en la que tenga duda o en la que tomó una nota mental.

7. Discuta por algunos minutos con la persona lo que experimentó y las áreas en las que sintió algo significativo. Empiece describiendo lo que sintió. No tema pedir información sobre posibles problemas asociados con esas áreas. Examine las posibilidades físicas además de las simbólicas.

   Es importante tener esta confirmación. Le ayudará a definir sus impresiones con mayor precisión en el futuro, a desarrollar parámetros para su propio tacto psíquico, y a tener más confianza en lo que percibe. Entre más practique este proceso, mejor será su desempeño.

8. Las siguientes son posibles pautas para que interprete lo que experimenta:

   Puntos cálidos/calientes: Estos tipos de impresiones pueden indicar áreas inflamadas o demasiado activas. Esto podría señalar problemas crónicos o una disfunción aguda más reciente. También puede sugerir un área que está manifestando un problema físico debido a tensión emocional o mental. El área o los órganos específicos del cuerpo y sus funciones darán pistas en cuanto al significado simbólico y los posibles problemas importantes en la vida del individuo. Si se siente calor, estos problemas suelen ser más agravantes; si se siente frío, son congestivos. Las siguientes son algunas partes del cuerpo y los problemas que pueden ser simbolizados por ellas:

• Ano —liberar, soltar

• Brazos —alcanzar, coger, abrazar

• Caderas —equilibrio, apoyo, sexualidad

• Cerebro —proceso de pensamientos

• Corazón —expresión de amor y emociones

• Estómago —digestión de experiencias de la vida

• Garganta —expresión, fuerza de voluntad

• Hígado —crítica, emociones negativas

• Huesos —apoyo (necesitar y/o carecer)

• Intestinos —asimilar/eliminar experiencias de la vida

• Manos —dar y recibir

• Nariz —discriminación y discernimiento

• Oídos —equilibrio, escuchar

• Ojos —ver o negarse a ver

• Órganos sexuales —sexualidad, creatividad

- Páncreas —dulzura o carencia de ella en la vida
- Pies —apoyo o carencia de él
- Pulmones —contener; expresar la vida
- Riñones —discriminación y discernimiento
- Senos —crianza y alimento
- Tobillos —movimiento o carencia de él en la vida
- Vejiga —ira, miedo, eliminación
- Vesícula biliar —aferrarse al pasado

Densidad en la presión: Una mayor densidad en la presión mientras las manos examinan el cuerpo, puede reflejar una congestión o bloqueo en la actividad normal de ese órgano en particular. Incluso puede indicar que la persona no está tratando plenamente el problema simbolizado por esa parte del cuerpo. A veces puede sugerir un área de mayor sensibilidad, y que en ocasiones el cuerpo rellena un área del aura con energía extra para amortiguarla y protegerla.

Puntos frescos/fríos: Los puntos fríos encontrados durante el examen pueden reflejar un bloqueo en el flujo de energía o el funcionamiento de los órganos principales encontrados en esa área o el sistema del cuerpo con el cual está asociada. Puede indicar mala circulación y poco movimiento en un área de la vida del individuo. De nuevo, examinando el simbolismo, podemos encontrar el problema de congestión.

XXVI: Clairsentience con flores

La clairsentience con flores es una maravillosa forma de lectura psíquica. Las flores son tan sensibles, que absorben con facilidad las energías de la persona que las posee o toca. En esta forma de psicometría el lector se sintoniza con las impresiones dejadas en la flor. Para muchos psicometristas que apenas se inician en este campo, trabajar con clairsentience con flores puede ser una forma efectiva de comenzar.

Hay diversas maneras de desarrollar esta clase de psicometría. En su forma ideal, el psicometrista no sabe hasta el final de la sesión de quién es la flor que está siendo leída. En situaciones de grupo, las flores a menudo son etiquetadas y numeradas, y sólo después que las impresiones son dadas, el dueño es identificado y la información confirmada o negada. Esto evita que el psicometrista inconscientemente se conecte con la persona en lugar de la flor. Esto demuestra con claridad como objetos, en especial flores, absorben las energías de su dueño.

Una de las personas más dotadas en la clairsentience con flores es el reverendo Bill Landis, un médium espiritista de Inglaterra. Él usa a menudo este método para demostrar realidades psíquicas, incluyendo la conexión con espíritus. La información que revela suele ser muy detallada, a menudo con nombres específicos, iniciales, sucesos clave en la vida del dueño de la flor. Sus sesiones siempre son agradables y asombrosas.

Hay otras variaciones, y el proceso es adaptado con facilidad para situaciones particulares. Con frecuencia uso clairsentience con flores para conferencias y talleres alrededor del día de San Valentín y otros días de fiesta románticos. Me sintonizo con la flor de la persona y la leo para dar información sobre la vida sentimental de ésta, principales lecciones y asuntos en las relaciones, problemas pasados e incluso pronósticos futuros respecto al amor y el romance. Esto es divertido y tiene sus beneficios.

Para muchas personas, la clairsentience con flores es considerada más espiritual que otras formas de psicometría. Esto se debe a que las flores son vistas como regalos de lo Divino.

Resonamos más con algunas flores que con otras. Nos atraerán ciertas flores y sus colores y otras cualidades en determinados momentos de nuestra vida. Ya sea que la persona se dé cuenta o no, la flor escogida va a tener un fuerte significado simbólico. El significado será cargado en la flor, y el psicometrista debe extraerlo.

Durante mucho tiempo las flores han sido una gran fuente de energía e inspiración. Todos los aspectos de la flor han sido usados por curadores, psíquicos y metafísicos. Las fragancias, cualidades herbales, colores y toda la fantasía de las flores son un reflejo de fuerzas arquetípicas específicas de la naturaleza. Nos atraerán las flores que reflejen las fuerzas arquetípicas que se manifiestan y afectan nuestra vida en ese momento.

Las flores en cualquier forma son fuente de fuertes vibraciones energéticas. Influencian todo dentro de su área de manera muy sutil. Reflejan con sutiliza ciertas cualidades o características inherentes y activas en las personas que se sienten atraídas por ellas. Esto tiene que ver con un antiguo principio espiritual: "semejante atrae semejante". Somos atraídos por lo que es similar en vibración en cierto nivel.

Debido a esto, cada aspecto de la flor escogida por una persona tendrá significado.

Todas las plantas que florecen indican sabiduría oculta. Las flores que cogemos son las que más probablemente reflejan los aspectos ocultos de nuestra vida en ese momento, especialmente los aspectos más importantes para nosotros.

Las características de las flores brindan formas de sintonizarnos con sucesos y asuntos de la vida de la persona e interpretarlos. Por ejemplo, como ya mencioné, con mayor frecuencia hago clairsentience con flores en lo que respecta al amor, romance y relaciones. Cada aspecto de la flor que una persona ha llevado para ser "leída", junto con otras impresiones que capto de la flor, tendrá vínculos con asuntos y situaciones que involucran relaciones. Esto puede reflejar relaciones pasadas específicas, conexiones de vidas pasadas en relaciones actuales, e incluso lecciones importantes que la persona ha venido a aprender en esta existencia acerca de relaciones y amor en general.

La mayoría de personas están algo familiarizadas con las cualidades herbales de flores y plantas. Sin embargo, muchas flores tienen fragancias que pueden ser usadas también para influir en ciertos estados psicológicos. Muchas flores han sido asociadas con dioses y diosas, e incluso pueden brindar un mayor conocimiento de los aspectos de la vida del individuo.

Si piensa desarrollar la clairsentience con flores, es bueno estudiar el simbolismo del color, los efectos de diferentes fragancias, e incluso los mitos y tradiciones de diversas flores.

Para la mayoría de personas que desean desarrollar y usar sus capacidades psíquicas, la parte más difícil es empezar. Existe la necesidad de que algo los ayude a conectarse más plenamente con la persona. Comenzar con sus interpretaciones simbólicas de la flor en general, servirá como un puente que facilitará el flujo de sus otras impresiones más sutiles. Le ayudará a interpretar mejor las impresiones y su significado en la vida del dueño de la flor. Al menos, comienza el flujo de información que es significativa para la persona. Se crea un puente entre la mente consciente y su subconsciente, haciendo más fácil que emerjan sus propias impresiones psicométricas.

Un buen ejemplo es la azucena. Su fragancia es suave y natural, y por mucho tiempo ha sido asociada con el despertar de los aspectos divinos en las personas. Su largo tallo simboliza la elevación de la mente. Las hojas colgantes pueden reflejar un sentido de humildad, y su blancura, pureza.

Si alguien acude a mí para que haga una lectura floral con una azucena, probablemente sabría de inmediato que esta persona busca un tipo de amor y relación más ideal que lo vivido en el pasado. Quizás esto indicaría que la persona buscada debía ser muy espiritual. Podría reflejar el deseo de experimentar amor puro. Dependiendo de lo que yo captara en la lectura, podría incluso indicar que la persona no quiere a alguien que haya estado casado antes, o que tenga la capacidad de ofrecer amor puro y verdadero.

Flores y sus significados ocultos

- Aliento de bebé —modestia, belleza dulce
- Anemona —la voz superior de la verdad
- Angélica —luz interior e inspiración
- Azucena —nuevo nacimiento, pureza
- Begonia —equilibrio integrado
- Botón de oro —curación, entendimiento, nuevas direcciones
- Caléndula —longevidad y fidelidad
- Clavel —amor por sí mismo y la vida, pasión física
- Crisantemo —alquimia, vitalidad fortalecida
- Dragón —protección contra influencias indeseadas
- Gardenia —protección del bienestar emocional
- Geranio —renovación de la alegría en la vida
- Girasol —encontrar y realizar el Sol interior
- Jacinto —dulzura y expresión de lo femenino
- Jazmín —autoestima, transformación
- Lirio —paz, esperanza por un nuevo nacimiento
- Madreselva —confianza juvenil
- Margarita —creatividad y fuerza interior a través de la naturaleza
- Narciso —realización de la belleza interior y la mente superior
- Nomeolvides —recuerdos de vidas pasadas, lecciones y dones ancestrales

- Ojo de Venus —discernimiento emocional y cambio
- Orquídea —sexualidad
- Rosa —belleza, amor, curación del corazón
- Tulipán —confianza y éxito
- Violeta —simplicidad y modestia

Los procedimientos básicos para la clairsentience con flores son:

1. La persona debe llevar una flor. Dígale que no permita que otros toquen o manoseen la flor una vez que ha sido escogida. Esto asegura que sólo las impresiones del dueño son cargadas en ella.

    (Las personas empáticas son fácilmente influenciadas y más susceptibles a la manipulación de otros. Sienten y experimentan lo que es proyectado hacia ellas por los demás, por eso deben tener precaución adicional al tratar con vendedores y otros que podrían manipularlas. Si usted sabe que es empático, a la larga le será más beneficioso moverse más lentamente, sin dejar que lo apresuren y asegurándose de estar totalmente cómodo).

2. Haga su ejercicio de relajación y estimule los chakras de las manos.

3. Tome la flor de la persona. Suavemente pase los dedos sobre ella. Puede ponerla sobre la mejilla y sentir la suavidad de los pétalos. Huélala. Observe los colores. Tome su tiempo en este examen inicial.

4. Ponga atención a todo lo que en principio siente y experimenta. Hágase preguntas. ¿Cómo se siente la flor? ¿Suave? ¿Fuerte? ¿Rígida? ¿Masculina? ¿Femenina?

5. Observe las características de la flor. ¿Es muy fragante o apenas perceptible? ¿Qué indica esto acerca de la persona? ¿Cuál es el significado del color? ¿Hay hendiduras en la flor? ¿Cortes?

La calidad y condiciones de la flor, sus hojas y el tallo, pueden dar indicaciones de la salud de la persona o la situación de otro aspecto de su vida. Contar los números de partes provee información, pero su propia capacidad psicométrica debe sugerir el área de la vida en que eso se aplica.

Observe los números encontrados en la flor: número de hojas, yemas, espinas, etc. Los números asociados con la flor siempre indicarán el número de algo en la vida de una persona. Por ejemplo, la cantidad de hojas o yemas puede señalar el número de carreras, el número del grupo familiar y más información similar. La cantidad de espinas en la rosa puede sugerir las áreas problema actualmente o en el pasado de la persona. Si ésta ha partido las espinas, puede reflejar sus esfuerzos para eliminar y solucionar viejos problemas difíciles.

6. No tema revelar sus impresiones. También recuerde no buscar respuestas en el proceso. Revele la información. Mientras continúa, la información se aclarará sola. El tiempo para la evaluación de su precisión es al final de la sesión. No acepte una confirmación si sólo se acerca a lo que descubrió. Puede satisfacer a la persona, pero usted debe trabajar constantemente por mayores niveles de precisión y especificidad.

XXVII: Localizar objetos perdidos

La psicometría puede ser usada para sintonizarnos con una persona u objeto perdido. Aunque esto no siempre es preciso, envía un mensaje al subconsciente para sacar a la luz la información —cuando menos lo esperamos—.

Quienes emplean la psicometría para conectarse con personas desaparecidas o perdidas, usualmente requieren un artículo personal del individuo. Yo prefiero un trozo de tela o una prenda de vestir. Ésta sólo es efectiva si no ha sido lavada recientemente ni tocada por muchas personas. Si fue usada por el individuo justo antes de la desaparición, es aun mejor.

Algunos psicometristas trabajan con fotografías de la persona desaparecida. Esto también puede ser efectivo, y aun más cuando la foto es una polaroid. Las polaroid captan los campos iónicos positivos y negativos de las personas, mientras una foto revelada de un negativo sólo tendrá la mitad del campo energético del individuo.

Este artículo o foto contiene las vibraciones de la persona desaparecida. Hay muchas sutilezas involucradas en la localización de gente desaparecida o perdida. Esta no es un área que desearía explorar detalladamente en forma escrita, a pesar del potencial servicio que provee. Es usada para propósitos de publicidad personal, dinero y otras razones. Sin importar la intención, puede crear falsas esperanzas, dirigir erradamente e incluso complicar situaciones vitales por descuido.

Nos enfocaremos en algo que es más personal para la mayoría de nosotros —objetos extraviados o perdidos—. En ocasiones, extraviamos o perdemos cosas importantes para nosotros. Algunas quedan perdidas en forma permanente, mientras otras sólo están extraviadas o han sido robadas.

Para cualquier cosa perdida, la siguiente forma de psicometría puede ser usada para ayudar a localizarla:

1. Necesitará una foto clara y buena del objeto, preferiblemente una polaroid. Si el objeto perdido es parte de un juego, como en el caso de joyas, es bueno tener otras piezas del mismo con las cuales sintonizarse. También puede necesitar una foto o artículo personal del dueño del objeto, si este es diferente de la persona que le solicita hacer la búsqueda psíquica.

   Si el individuo que busca la localización de un objeto no es el dueño, es importante que revele la razón. Son sorprendentes algunas de las peticiones que he recibido a través de los años. Algunos desean saber si ciertas joyas han sido enterradas con su difunto propietario. A veces quieren saber si otro miembro de la familia robó el objeto en cuestión. En ocasiones la persona sólo ayuda a un amigo. Aplique una gran integridad en su trabajo. Aunque la mayoría de personas tendrán razones legítimas, habrá excepciones.

2. Habiendo hecho su relajación y preparación, examine la foto del artículo. Visualícelo en la mente mientras coge la foto con los ojos cerrados. Forme su imagen lo más clara e intensa posible.

   Imagine y sienta el objeto. En su mente sienta la textura, forma y tamaño. Déle vida en su mente. Mientras lo hace, empiece a describir verbalmente el objeto y cómo se siente. Aunque el dueño sepa todos los detalles del artículo, su descripción crea un puente entre la mente consciente y el subconsciente, y lo ayuda a formar un vínculo con él.

Mientras describe el objeto, descubrirá que empiezan a surgir otras impresiones. Revélelas lo más pronto posible. No trate de darles sentido. Es importante expresar la información. Más adelante la descifrará.

Entre más haga esto, más claras serán sus impresiones. De muchas formas es como sintonizar una radioestación de tal forma que consiga captar el canal sin parásitos atmosféricos.

3. Hágase preguntas mientras trabaja con la foto. Éstas deben ser formuladas en la mente, pero sus respuestas tienen que ser reveladas de tal forma que la pregunta esté incluida. Por ejemplo, puede preguntarse silenciosamente, "¿otra persona posee este objeto?". Al percibir un "sí" como respuesta, debe decir en voz alta, "siento que otra persona tiene este objeto".

La razón principal para esto es que comunica a la mente subconsciente que usted requiere información e impresiones completas. Las respuestas vagas y abreviadas no son convenientes. El expresar oraciones completas cristaliza sus impresiones, fortalece el puente entre el subconsciente y el consciente para obtener mayor información psíquica.

Empiece con preguntas generales y continúe con específicas. A medida que hace sus preguntas silenciosas, más específicas serán las impresiones. Las siguientes son algunas preguntas generales: ¿este artículo está perdido

o fue robado? ¿Está en un lugar que la persona fre-
cuenta mucho? ¿Está en casa? ¿En el trabajo? ¿En un
sitio de recreación? ¿En qué tipo de entorno puede ser
encontrado? ¿Hay algo significativo acerca de su ubicación? ¿Alguien más tiene pistas? ¿Hay colores, imágenes
o cosas similares que sean importantes para identificar
su ubicación? Después de hacer las preguntas generales
y expresar sus impresiones sobre ellas, no dude en
seguir con peticiones más específicas. A menudo las
imágenes e impresiones específicas surgirán al hacer
una pregunta general. Recuerde describir lo que percibe
inmediatamente. A veces el proceso será lento y a veces
rápido. Sea paciente consigo mismo.

4. Hay otras ayudas que pueden ser empleadas para estimular su intuición a través de la psicometría para localizar objetos perdidos.

Meditar en el objeto perdido puede facilitar la conciencia de dónde puede ser encontrado. La mayoría de
veces los objetos perdidos sólo han sido extraviados
inconscientemente. La meditación con una vela café
ayuda a estimular el nivel de la mente subconsciente
que conocer la localización del objeto. El café es el color
de San Antonio, quien es el santo patrono de los artículos perdidos.

Tomar las manos del dueño es una forma de sintonizarse más eficaz con el objeto. Esa persona tendrá
una fuerte relación emocional y física con lo buscado.
Haga que se concentre en el objeto, visualizándolo en
su posesión o en el último lugar que recuerde haberlo

tenido. Cierre los ojos y coja las manos del cliente. Respire profundamente y sienta la energía de esta persona. Empiece a formularse las mismas preguntas presentadas atrás y revele sus impresiones.

5. No haga acusaciones inadvertidas. Si realiza búsquedas psicométricas de artículos perdidos, protéjase. A veces se presentan pleitos con la justicia, y conozco varias personas enfrascadas en batallas legales por cargos de falsas acusaciones que hicieron.

Las conclusiones y acusaciones inadvertidas y no comprobadas son muy perjudiciales para las personas involucradas en el caso. Recuerde que sus impresiones son sólo eso, sus impresiones. Puede no haber evidencia tangible. Describa sus sensaciones e impresiones, pero deje que el cliente saque las conclusiones; mantenga al margen sus ideas al respecto. Usted sólo está brindando un servicio. Hágalo lo más objetivamente posible y no tendrá problemas.

Yo hago un trabajo metafísico sin recargo en el precio de la consulta. Mis sesiones curativas se incluyen en esa parte, al igual que situaciones que involucran crímenes. Y hay otras áreas. Para estos servicios no acepto remuneración, donativos o cosas similares. Si el cliente siente la necesidad de compensar, le sugiero que haga una donación a una sociedad benéfica o se dedique a algo que de otra manera no haría. Mi filosofía personal es obtener ingresos en otras áreas del campo metafísico, y esta es mi forma de retribuirle al universo.

Capítulo 8

Precauciones y protecciones

La práctica y preparación son esenciales para cualquiera que se involucre en el campo psíquico. Sin ello habrá poco control. Entre más desarrollemos la capacidad, será menos probable que la usemos mal o afecte nuestra vida. Inicialmente, toda energía psíquica, incluyendo la psicometría, opera como la energía de un artista. Puede ser muy fuerte y desequilibrada hasta que aprendemos a activarla y desactivarla a voluntad.

Puede haber muchos obstáculos para desarrollar nuestra capacidad al máximo, y un gran número de ellos son sutiles. Si enfocamos este desarrollo asumiendo que no hay una razón lógica para creer en tal potencial, nuestras capacidades naturales nunca florecerán. Muchas personas descartan lo que no se ajusta a sistemas de creencias y convenciones tradicionales y aceptados, y pueden hallar en sí mismas la necesidad de desarraigar esta socialización para poder manifestar el desarrollo pleno de sus capacidades. Por supuesto, otros obstáculos son los temores, dudas, tensión y prisa.

El miedo y la ansiedad son grandes obstáculos en el desarrollo de cualquier capacidad psíquica, y debemos evitarlos. No deje que las emociones negativas se acumulen en su mente. Enfoque el desarrollo psíquico con un optimismo prudente. Si inicialmente sus esfuerzos no dan resultados, evite la compasión por sí mismo y las autorecriminaciones. Aunque el fracaso es frustrante, es temporal. La práctica y la persistencia lo recompensarán.

El desarrollo psíquico en grupo tiene ventajas y desventajas. Debemos tener en cuenta esto antes de participar en un grupo. Los grupos brindan un ambiente seguro, protegido y alentador para nuestro desarrollo. Pueden ser una ayuda maravillosa al comienzo. Sin embargo, hay que tener presente que puede llegar el momento en que necesitamos ir más allá del grupo, ya que la mente colectiva puede limitar el crecimiento del individuo. También debemos aprender a usar nuestra capacidad fuera del entorno colectivo. Si no lo hacemos, podemos encontrar nuestras capacidades más intermitentes y menos confiables que en el grupo.

A veces es mejor no dejar que los demás sepan de nuestro desarrollo. Algunas personas nos estimularán, otras no. Son escépticas y exigen pruebas de nuestra capacidad. Nada las complace más que poner pruebas que no podemos pasar plenamente. A menudo, los fracasos en tales situaciones son el resultado de la ansiedad por salir exitosos frente a estas personas. Todo esto disminuye la confianza en sí mismo.

Tenga en cuenta que la psicometría es una capacidad natural de todos. Es desarrollada más fácilmente que otras áreas del campo psíquico, pero como con todas ellas, necesita ser estimulada y disciplinada.

No sea impaciente por salir y demostrar su capacidad. Hasta que la desarrolle plenamente, es fácil que las cosas salgan mal. Querer hacerlo también refleja que hay problemas de ego que debe manejar. Tenga cuidado de estar por ahí tratando de probar su capacidad psíquica a todo momento.

Este es un problema para muchos médiums y psíquicos del tiempo viejo. Permanecen conectándose con todo lo que encuentran; a menudo temen no poder hacerlo de nuevo. Esto es una falacia, pues podemos aprender a activar y desactivar nuestra capacidad en cualquier grado que deseemos.

Tal vez usted ha experimentado o visto médiums y psíquicos que a menudo lucen cansados o enfermos. En tales casos, hay que cuestionar sus capacidades. La información psíquica debe ser transmitida a través del cuerpo del médium. Si el cuerpo está desequilibrado, es muy probable que pase lo mismo con la información.

Quienes aprenden a desarrollar y controlar sus facultades intuitivas serán fuertes y vibrantes. Sin importar qué edad tengan, tendrán una vitalidad eterna. Estas personas han logrado un control positivo sobre sus capacidades. No permiten que funcionen sin su permiso consciente (excepto en casos muy especiales), y pueden usarlas hasta cierto grado bajo todas las circunstancias y condiciones. Son los psíquicos que nunca emplean sus facultades sin considerar límites de tiempo, deberes morales y su propia resistencia física.

Hay una gran responsabilidad para quien desarrolle o use sus capacidades psíquicas, especialmente en el campo profesional y público. Debemos controlar nuestras reacciones emocionales respecto a lo que recibimos. Si percibimos cosas negativas, debemos desarrollar la capacidad de revelar esto de manera discreta, una manera que le permita a la persona ver opciones y alternativas.

Una de las preguntas que a veces surgirá es la del destino versus el libre albedrío. Sólo porque hemos recibido una impresión, no significa que los sucesos que la rodean no pueden ser cambiados. Cambiar esto puede ser difícil, y tal vez se trate simplemente de ayudar a una persona a cambiar su percepción de los sucesos que serán revelados. La persona debe saber que no hay nada que no pueda ser alterado hasta cierto grado. Siempre hay elecciones y opciones.

La discreción es de suma importancia. Aún oigo psíquicos que hablan entre sí de sus clientes. Una persona que acude a un psíquico por alguna razón, debe esperar confidencialidad. Nunca hable con otros sobre la información que recibió psíquicamente de un cliente. He conocido muchos psíquicos que usan sus capacidades para alimentar su necesidad de chismear. Esto es irrespetuoso, poco ético e incluso cruel.

La psicometría puede ser desarrollada y usada por cualquiera. Su desarrollo no requiere una mayor evolución moral que la necesaria para lograr más fortaleza. Y tener esta capacidad tampoco refleja un grado de desarrollo espiritual mayor que el que se posee al tener gran fortaleza.

Mantener el equilibrio en el desarrollo psíquico

Son simples los ingredientes clave para ayudarnos a estar equilibrados y protegidos en nuestro desarrollo psíquico: dieta adecuada, ejercicio y aire puro. No hay necesidad de iniciar una dieta vegetariana o llevar una vida ascética. La moderación en todas las cosas es suficiente. Sin embargo, tenga en cuenta que las drogas, alcohol, tabaco, estrés y traumas afectan negativamente sus capacidades.

las siguientes tres consideraciones son las más efectivas para mantener el equilibrio mientras desarrollamos nuestras facultades psíquicas:

Aumente su ingestión de agua: La mayoría de personas no toman suficiente agua, y esto es aún más importante para quienes están desarrollando sus capacidades psíquicas. Cuando empezamos a trabajar con energías psíquicas superiores, debemos aumentar la ingestión de agua, que es un excelente conductor de energía. Facilita la conexión sin cortocircuitarse por su mayor intensidad. Cada vez que hago trabajos psíquicos extensos, o simplemente doy clases, me aseguro de tomar lo que parece una cantidad excesiva de agua, pero que es beneficiosa para la conexión general.

Ayune periódicamente: Esto le permite al cuerpo descansar. En la digestión gastamos más energía que en cualquier otra función corporal. Cuando el cuerpo descansa periódicamente de la digestión, puede estimular y enfocar mejor las energías en otras formas de expresión. Esto a su vez nos ayuda a ver con más claridad las capacidades intuitivas.

Ayunar también ayuda a eliminar impurezas del organismo que pueden inhibir nuestras percepciones superiores y más sutiles. Se hace más fácil discernir acerca de nuestras impresiones psíquicas y utilizarlas con mayor eficacia.

Medite: Tradicionalmente han habido dos métodos principales para extraer poder: el meditativo y el ceremonial. Nos enfocaremos en la meditación. Las técnicas meditativas son más simples y variadas. Estás incluyen simbología, visualización, imaginación creativa, cantos y mantras, yantras, etc. Para que cualquier método meditativo funcione hasta su máxima capacidad, debemos concentrarnos en nuestro desarrollo y la revelación espiritual que surgirá de él. De esta forma, nos mantenemos centrados y aumentamos nuestra conciencia del universo y nuestra conexión con él y todo lo que existe en él.

Se ha escrito mucho sobre la meditación y sus diversas prácticas. De hecho, hay tantos métodos de meditación como personas. En cuanto a cuál método o combinación de métodos es mejor para usted, sólo usted puede responder. Trabaje con diferentes métodos. Experimente y descubra cuál funciona mejor.

Cuando cerramos los ojos retiramos nuestros sentidos del mundo exterior que nos rodea, entramos por completo a otro plano de la vida, que es más fugaz y fluido que nuestro mundo físico. También opera de acuerdo a leyes que pueden parecer extrañas. A pesar de verse diferente, es tan real como nuestro mundo en el plano físico. Tiene el poder de reflejar y afectar nuestras vidas de formas que apenas estamos empezando a comprender. Es un mundo donde podemos soñar, meditar sobre el futuro, redescubrir el pasado y develar misterios e inquietudes que nos rodean.

Por medio de la meditación, comenzamos a activar y utilizar nuestro potencial interior. Activamos energías internas, despertamos nuestra facultad intuitiva e integramos nuestro cuerpo, mente y espíritu para lograr un mayor crecimiento. Con la meditación vemos una nueva perspectiva en nuestras experiencias y podemos empezar a usar un mayor conocimiento para influir en vivencias actuales y futuras.

También logramos un control sobre nuestra vida y entendemos cómo actúa la energía en, a través y alrededor de nosotros. Tocamos esa parte divina que reside dentro de cada uno —la fuente oculta de luz, protección, creatividad e intuición—.

Ejercicios

XXVIII: Prepárese para meditar

La meditación desencadena formas superiores de inspiración e intuición. Empieza a descubrir el microcosmo presente en nuestra vida cotidiana. Nos ayuda a entender las condiciones de la existencia y las leyes espirituales que la gobiernan.

La mayoría de metafísicos y ocultistas cree que nuestros verdaderos poderes psíquicos y espirituales yacen en los planos interiores, que nos son mostrados a través de los sueños. Varios métodos de meditación hacen posible traer a la mente y la expresión conscientes la riqueza de los recursos internos.

La clave para aprender a edificar la vida con la meditación, es establecer condiciones que creen un cambio mental a una nueva forma de procesar información —un estado alterado de conciencia—. Por medio de la meditación, es posible aprender a explorar partes de la mente a menudo oscurecidas por los interminables detalles de la vida cotidiana. Se descubren a ver patrones subyacentes, y se desarrolla la capacidad para acceder en plenitud al potencial mayor y liberarlo hacia nuestra conciencia.

Para lograr estos resultados, debemos cambiar nuestra conciencia y luego mantenerla para el tiempo y propósito necesarios. La meditación controlada es una capacidad aprendida. Como pasa con todas las habilidades aprendidas, requiere práctica y esfuerzo adicional. Los primeros pasos son los más decisivos. Si se siguen los preliminares de la meditación, no importa qué forma particular decidamos luego usar. Cualquiera será efectiva. ¡La clave es la relajación!

1. Encuentre un espacio cómodo. Puede hacer el ejercicio sentado derecho o acostado. A menudo es recomendable hacerlo sentado, ya que en la otra posición es fácil quedarse dormido.

2. Asegúrese de no ser interrumpido. Esta es su hora sagrada, un tiempo para su exploración personal. Descuelgue el teléfono y elimine todas las distracciones auditivas posibles.

3. Empiece a hacer el ejercicio de respiración profunda. Inhale hasta la cuenta de cuatro, sostenga la respiración hasta la cuenta de ocho a diez, y luego exhale hasta la cuenta de cuatro. Mantenga las respiraciones lentas y regulares.

4. Haga una relajación lenta y progresiva. Tome su tiempo en esto. No se apresure. Entre más tiempo dure, más relajado quedará. Entre más relajado esté, más fácil manifestará sus potenciales internos.

5. En algún momento de la relajación, encontrará resistencia. La mente empezará a divagar. Usted pensará en las actividades del día, asuntos pendientes, etc. No se inquiete por esto. ¡Es una señal positiva!

   Esto indica que ha accedido a la mente subconsciente, que es donde quiere estar. La resistencia es la oposición subconsciente a su dirección. Si nunca ha meditado, el subconsciente no está habituado a ser controlado y dirigido. No está disciplinado. Trata de irse a dondequiera que desea —a donde usted no quiere que se dirija—.

Cuando esto ocurra, regrese su concentración a la relajación progresiva. Tal vez deba hacer esto varias veces, pero así entrenará el subconsciente para que siga sus dictados conscientes y no los de él. Está enseñándole a hacer lo que usted quiere que haga.

6. Una vez que esté relajado, enfóquese o concéntrese en una imagen o idea. En nuestro caso, puede concentrarse en la imagen de sus manos siendo más sensibles psíquicamente. Visualice esto lo más claro posible. Permita que imágenes y escenarios atraviesen la mente, en la cual se ve tocando y cogiendo personas y cosas, y "leyéndolas" con mucha precisión. Visualice todo lo que puede hacer con esta habilidad. Visualícela como si ya estuviera activa y fuerte dentro de usted. No hay futuro ni pasado. Para la mente subconsciente sólo hay un momento presente eterno. Visualice, imagine, pruebe, toque, huela y oiga todo lo que pueda hacer con esta capacidad psíquica. Hágalo en su mente lo más concreto posible. Recuerde que la simbología es el único lenguaje que conoce la mente subconsciente. Así, entre más vivas sean sus imágenes, mejor comunicará sus peticiones al subconsciente, para que sus capacidades internas se activen y revelen.

7. Disfrute el ensueño. Al meditar, deje que fluyan las imágenes e ideas mientras las observa. Serán recordadas y quedarán registradas. No trate de analizarlas. Deje que su mente disfrute el ensueño.

8. Retorne lentamente a un estado consciente. Sepa que mientras lo hace, sus capacidades regresan con usted

más fuertes y vibrantes que nunca, intensificándose con cada minuto que pasa.

9. Tome una respiración profunda y siéntase centrado y equilibrado en cuerpo y mente. Puede hacer un gesto de cierre como señal para regresar a la normalidad después de este estado alterado. Comer algo ligero (por ejemplo, galletas) le ayudará a centrarse.

10. Al comienzo sus meditaciones serán largas, pero a medida que desarrolle su capacidad de relajarse y cambiar la conciencia, no tomarán tanto tiempo. Las meditaciones pocas veces deben durar más de media hora a 45 minutos. Si constantemente emplea este tiempo tal vez está usándolas como una forma de escapismo. Lo que en principio requiere más tiempo es la relajación. Después que esta parte es dominada, las meditaciones creativas pueden ser realizadas fácilmente en 10 minutos o incluso menos.

Durante su meditación, su estado alterado de conciencia, experimentará fenómenos que incluyen algunos o todos los siguientes:

• Distorsión del tiempo —destellos de luz

• Movimientos corporales —pesadez o ligereza

• Destellos de color —sensación de quedarse dormido

• Sonidos —sensaciones de crecimiento/encogimiento

• Imágenes —sensaciones de estiramiento/extensión

Capítulo 9

Habilitación personal

El psiquismo positivo requiere control de los sentidos y facultades. Esto requiere la capacidad de activarlos y desactivarlos a voluntad. Siempre debe servir y ser beneficioso para la persona, y sólo debería ser usado conscientemente en el momento indicado, de la forma correcta y en la proporción adecuada para el individuo. Si no estamos seguros de nuestras capacidades, entonces no debemos demostrarlas. No tenemos que ser perfectos en todo, pero hay que trabajar por un mayor grado de perfección.

El desarrollo apropiado de cualquier facultad intuitiva tiene muchos efectos beneficiosos:

- Mejor salud
- Menos estrés
- Ayuda a tomar decisiones
- Más control sobre nuestra vida
- Aumenta la creatividad
- Activa potenciales aun mayores

- Energiza mientras relaja
- Mejor perspectiva de la vida y sus situaciones
- Información sobre vidas pasadas
- Desarrollo espiritual
- Mayor equilibrio
- Mayor control de las energías
- Mayor discernimiento y discriminación
- Oportunidad para ayudar a otros
- Mayor entendimiento de las fuerzas superiores

El verdadero psiquismo y sus muchos beneficios nunca será desarrollado y experimentado a plenitud si se realiza trabajo en público muy pronto y sin preparación. Inicialmente, la energía estimulada a través del desarrollo psíquico sirve para cambiar nuestra frecuencia individual, para poder manejar intensidades mayores. Si entramos demasiado rápido al servicio público, disipamos la energía que de otra manera nos habría permitido transmutar nuestras energías personales a una vibración más dinámica y espiritual.

Como psicometrista, usted es un mediador e intérprete para su consultante. Tiene la responsabilidad de actuar conscientemente para la persona. Siempre tenga presente cuál es la naturaleza del mensaje psíquico y cómo expresarlo para no influenciar en forma negativa al consultante o interferir en su libre albedrío.

Siempre tendrá la libertad de negarse a algo que no considera correcto. Si no se siente bien con una situación o persona, no tiene que trabajar con esa incomodidad. Sólo porque ha desarrollado su capacidad psíquica y puesto su servicio al público, no significa que debe estar dispuesto a atender a todo el mundo. Tiene el derecho a usar su propia discreción y discriminación. No se convierta en mártir; esto lo perjudica a usted y al consultante.

Mantenga sus mensajes e impresiones en una naturaleza de inspiración y relacionados con el plano del servicio. Sus intenciones y objetivos se verán afectados si va más allá del objetivo primordial. De este modo, siempre lo energizará a usted y a las personas que toque. Aumentará su creatividad, vitalidad y alegría. Como resultado, descubrirá que cada vez es más magnético, logrando atraer más personas.

En cierto punto de su desarrollo psíquico, podrá entender de inmediato todo lo que recibe intuitivamente. La información llegará en su totalidad y en el interés de la persona con quien está trabajando. Usted será un reservorio de energía psíquica que estimula, cura, guía y protege a otros.

Descubrirá que no tiene que hacer autoexigencias. Su campo de servicio se extenderá gradualmente y de manera continua. Tendrá un creciente control de sus deseos, impulsos y su capacidad de transmutarlos a formas de expresión superiores. Trabajará cada vez más con las leyes de privacidad y responsabilidad.

Mientras desarrolla sus facultades superiores aprendiendo técnicas tales como la psicometría, descubrirá que cada vez sabe más acerca de quienes lo rodean. Encontrará que tiene mayor discernimiento para no revelar lo que podría ser usado o entendido mal. Descubrirá que su poder para influenciar a las personas positiva o negativamente, aumentará y requerirá mayor discernimiento en su aplicación.

Aprenderá a ver y no revelar lo que ve. Tocará a otras personas con energías curativas sin tener que trabajar conscientemente para curarlas. Algunos quedarán tan estimulados por su luz y energía, que podrán ver y entender lo que anteriormente no habían visto o comprendido sin que usted les hiciera revelaciones directamente.

Mientras desarrolla sus capacidades innatas, iluminará, sanará y ayudará a liberar a quienes toca. Los estimulará a una nueva continuidad de conciencia. Con su creciente habilidad de reconocer el karma y cooperar con las leyes del universo, tocará a los demás de una forma que les dará mayor significado a sus vidas y a la suya.

La esencia humana siempre ha estado rodeada de mucho misterio, y no sabemos realmente de qué es capaz. Sin embargo, desde tiempos más antiguos han habido métodos para explorar nuestro gran número de posibilidades. Todos estos métodos requieren que estemos dispuestos a invertir tiempo, energía y paciencia en su descubrimiento. Para muchas personas, el llamado plano psíquico aún implica una caricatura sobrenatural, pero en cada uno de nosotros son innatas las cualidades esenciales para acelerar nuestro crecimiento. El potencial para acelerar y despertar nuestras características divinas está al alcance de cada individuo, sin excepción.

Al desarrollar este potencial, a menudo somos nuestros peores enemigos. No aprovechamos al máximo nuestras oportunidades. No invertimos tiempo y energía, y nos impacientamos demasiado por las recompensas imaginadas del desarrollo psíquico. Incluso recurrimos a métodos rápidos que al final crean grandes dificultades en nuestro camino. A menudo, nos rendimos porque el proceso es muy largo o exige demasiado esfuerzo. Sin embargo, no existe un verdadero atajo en el desarrollo psíquico.

Al desarrollar una de nuestras capacidades, se hace más fácil desarrollarlas y manifestarlas todas. Manifestar un destino superior requiere una mayor búsqueda de conocimiento mientras nos esforzamos por cumplir los deberes de la vida. Requiere una unión totalmente consciente con los planos creativos supersensibles. Esto no se consigue con demostraciones de capacidades psíquicas. El poder psíquico en sí simplemente señala planos y posibilidades aun más maravillosos que lo que hemos imaginado.

A medida que desarrollamos cualquier potencial interior, habilitamos nuestra vida y alma. En lugar de ver nuestro camino como un sendero que conduce a una luz en la cual todos los problemas son disueltos, empezamos a reconocer la fuente de verdad y luz que yace dentro de nosotros. Mientras nos habilitamos, dejamos de buscar una luz que brille sobre nosotros, y buscamos la luz interior que emanará de nuestro ser.

Bibliografía

Andrews, Ted. *How to See and Read the Aura*. Llewellyn Publications; St. Paul, 1991.

Brennan, Barbara Ann. *Hands of Light*. Bantam Books, New York, 1988.

Butler, W. E. *How to Read the Aura, Practice Psychometry, Telepathy and Clairvoyance*. Warner Destiny Books; New York, 1978.

Cosimano, Charles. *Psionics 101*. Llewellyn Publications; St. Paul, 1987.

De A'morelli, Richard. *ESP Party Games*. Major Books, Chatsworth, California, 1976.

Denning, Melita and Phillips, Osborne. *Development of Psychic Power*. Llewellyn Publications; St. Paul, 1988.

Evans, W. H. *How to Be a Medium*. Lumen Press; St. Louis, n. d.

Holzer, Hans. *ESP and You*. Ace Books, New York, 1966.

_____. *Truth About ESP.* Manor Books, New York, 1974.

Manning, Al G. *Helping Yourself with ESP.* Parker Publication, New York, 1966.

Merril, Joseph. *Mediumship.* National Spiritualist Association, New York, 1971.

Vishita, Swami. *Genuine Mediumship and the Invisible Powers.* Yogi Publication Society, Chicago, 1919.

Weston, Victoria. *Selecting Your Psychic.* OscarDey Publishing; Atlanta, 1988.

Wilber, Ken, Ed. *The Holographic Paradigm.* New Science Library, Boulder, 1982.

LLEWELLYN ESPAÑOL

lecturas para la mente y el espíritu...

* Disponibles en Inglés